대학교수를 위한

학생상담 가이드북

강혜영 · 이제경 공저

학지사

머리말

최근 들어 대학에서의 학생상담과 지도에 대한 교수의 역할이 강조되고 있다. 과거에도 지도교수제도가 없었던 것은 아니었으나 지도교수의 주 역할은 행정적인 문제를 처리해 주는 것에 그쳤었다. 그러나 최근에는 행정적인 문제 처리에 더하여 한 학기에 최소한 1~2회 정도의 학생상담을 의무화하고 있는 경우가 많다. 특히 공과대학의 경우, 공학인증제가 도입되면서 이러한 학생상담에 대한 중요성을 더욱 강조하고 있는 추세다. 그러나 정작 교수들은 학생상담에 대해 막막함을 호소하고 있고, 이들을 위한 책이나 교육은 찾아보기 어렵다. 초 · 중 · 고등학교 교사들은 교사가 되기 위한 준비 과정에서 교직과목으로 학생상담 및 생활지도에 대한 과목을 필수로 수강하지만 대학의 교원들은 그러한 기회가 없기 때문에 대학교수들에 대한 학생상담 교육은 그 필요성이 더욱 클 수밖에 없다. 『대학교수를 위한 학생상담 가이드북』은 이러한 배경에서 집필되었다.

이 책은 2007년 한국기술교육대학교 '공학교육혁신센터'와 'KUT-HRD 연구센터' 연구과제 지원에 의해 수행되었던 결과를 기초로 만들어졌다. 교수들을 위한 학생상담 가이드북의 콘텐츠 구성의 기초 자료를 얻기 위하여 학생과 교수를 대상으로 설문조사와 면접조사를 실시하였으며, 이러한 결과를 토대로 이 책의 내용이 구성되었다.

가이드북의 내용은 크게 5개 장으로 구성되었는데, 1장은 '상담을 위한 두 가지 준비'로, 상담을 시작하기에 앞서 대학교수들의 상담이 왜 필요한지를 함께 공감하고, 보다 효과적으로 상담하기 위해서는 사전에 어떤 준비가 필요한지를 제시하고 있다. 2장 '효과적인 대화기법'에서는 학생들과의 대화를 보다 원활하고 깊이 있게 하기 위한 기본적인 대화기법을 소개하고 예를 제시하였다. 3장 '상담 유형별 진행방법'에서는 학생들을 일대일로 상담하는 경우, 소그룹으로 상담하는 경우, 이메일로 상담하는 경우 등에 대해 설명하였다. 4장 '문제영역별 상담전략'에서는 학생들이 가장 많은 고민을 하고 있는 주제인 학업과 진로에 대한 문제를 중심으로 교수들이 어떻게 상담할 수 있을지에 대해 설명하였다. 5장 '학생 유형별 대화전략'에서는 말이 별로 없는 학생, 수업에 들어가지 않고 혼자 기숙사에서 지내는 학생, 심리적인 문제가 있어 보이는 학생과의 상담 요령에 대해 제시하였다.

이 가이드북을 집필하면서 고민했던 점은 대학교수의 상담영역을 어디까지로 설정하고, 어디까지 포함시켜야 할 것인가였다. 이에 대해서는 가이드북 개발을 위해 실시하였던 교수대상 설문조사와 면접조사 결과 그리고 자문의견 등을 기초로 이상적인 수준보다는 현실적인 상황에 적절한 수준으로 설정하였다. 가령, 심리적인 문제가 있어 보이는 학생을 상담하는 경우, 교수가 이 학생의 심리적 문제를 직접적으로 다루기는 어렵다고 보고, 이러한 학생이 학교에서 받을 수 있는 가능한 서비스를 받도록 안내하는 것까지를 지도교수가 해야 할 역할로 가정하고 설명하였다.

이 가이드북의 내용은 기존의 상담관련 문헌을 기초로 대학교수들이 좀 더 쉽게 활용할 수 있도록 구성되었다는 데 그 특징이 있다. 상담에 대해 기초적인 지식이나 경험이 없는 분들도 쉽게 이해할 수 있도록, 가능한 전문적인 상담 용어를 피하고 일상적으로 이해하기 쉬운 용어를 선택하였으며, 각 설명에 대화의 예를 제시하였다. 또한 주위 교수님들의 조언에 따라 가능한 한 핵심적인 내용만 담아 분량을 최대한 줄이려고 노력하였다.

이 가이드북이 나오기까지 많은 분들이 도움을 주셨다. 연구의 필요성을 공감하고 지원해 주신 한국기술대학교 어수봉 HRD 연구센터장님과 강승찬 공학교육혁신센터장님께 깊은 감사의 말씀을 드린다. 작은 책이 나오기까지 솔직한 의견을 제시해 주신 교수님들과 학생들, 연구진행에 함께해 준 한국기술교육대학교 박사과정의 송영희 선생님, 교정을 위해 애써 준 전방연 선생님에게도 고마움을 전한다. 대학교수를 위한 상담관련 책이 그다지 시장성이 없다는 현실적인 문제에도 불구하고 그 필요성을 이해하고 기꺼이 출판을 수락해 주신 학지사 김진환 사장님께 깊은 감사의 말씀을 드리며, 좋은 책이 될 수 있도록 애써 주신 최임배 상무님, 이지혜 차장님을 비롯한 학지사 직원들께도 감사드린다.

2009년 8월

강혜영 · 이제경

차례

chapter 1

상담을 위한 두 가지 준비

1

상담을 위한 마음의 준비

1. 상담, 정말 의미 있는 일이라는 마음 갖기
2. 평소에 교수–학생 간 좋은 관계 맺어 두기

'전공분야만 잘 가르치면 되지, 대학교수가 이런 일까지 해야 하나?' '대학생이면 이제 성인인데, 자기 일은 자기가 알아서 해야지 교수가 상담해 준다고 뭐가 달라질까?' 혹시 이런 마음이 있으신가요? 만약 그렇다면 학생과의 상담은 형식적으로 진행되기 쉽고 결과적으로 학생과 교수 모두에게 시간만 허비하는 안타까운 일이 될 가능성이 높습니다. 다음에 제시해 드리는 두 가지 자료를 보시면 마음이 조금 달라지실 것입니다.

대학교수의 학생상담이 정말 의미 있는 일이라는 것을 어떻게 설명할 수 있을까요? 첫째는 학생들이 교수와의 상담을 원한다는 것, 둘째는 학생들이 교수와의 상담을 통해 긍정적인 변화를 경험하고 있다는 것이 그 어떤 설명보다 강력한 힘을 지니지 않을까 싶습니다. 여기서는 이와 관련하여 본 가이드북 제작을 위해 대학생을 대상으로 한 설문조사 자료 두 가지를 제시하고자 합니다.

1 상담, 정말 의미 있는 일이라는 마음 갖기

1) 학생들은 교수님과의 상담을 원하고 있습니다!

학생들이 교수님과의 상담을 원하고 있을까요? 〈표 1〉에 나타난 대학생들의 설문조사 응답 결과를 보면, 많은 학생들이 원하고 있음을 알 수 있습니다.

- 문항 1: "(지도)교수님과 상담이 필요하다고 느낄 때가 있다."
  - ⇨ 학생 522명 중 410명(78.5%)의 학생들이 '(매우)그렇다'고 응답

〈표 1〉 대학생 대상 설문조사 결과(일부)[1] : 교수님과의 상담 희망 정도

문항	전혀 그렇지 않다	그렇지 않다	보통	그렇다	매우 그렇다
1. 학생으로서 (지도)교수님과 상담이 필요하다고 느낄 때가 있다.	6명 (1.1%)	12명 (2.3%)	94명 (18.0%)	296명 (56.7%)	114명 (21.8%)
2. 학생으로서 (지도)교수님께 상담을 받고 싶은 생각이 있다.	5명 (1.0%)	20명 (3.8%)	127명 (24.3%)	258명 (49.3%)	113명 (21.6%)
3. 상담이 필요할 때는 (지도)교수님께 자발적으로 상담을 요청했거나 요청할 생각이다.	9명 (1.7%)	49명 (9.3%)	170명 (32.4%)	211명 (40.2%)	86명 (16.4%)
4. 소극적인 성격이라 찾아가 상담받긴 어렵지만 교수님이 먼저 불러 주시면 좋겠다.	28명 (5.4%)	93명 (17.9%)	170명 (32.6%)	157명 (30.1%)	73명 (14.0%)

1) 본 가이드북 제작을 위한 설문조사 자료 중 일부임. 설문조사와 관련된 보다 자세한 내용은 〈부록 6〉에 제시함.

- 문항 2: "(지도)교수님께 상담을 받고 싶은 생각이 있다."
  ⇨ 학생 523명 중 371명(70.9%)의 학생들이 '(매우)그렇다'고 응답
- 문항 3: "상담이 필요할 때는 (지도)교수님께 자발적으로 상담을 요청했거나 요청할 생각이다."
  ⇨ 학생 525명 중 297명(56.6%)의 학생들이 '(매우)그렇다'고 응답
- 문항 4: "소극적인 성격이라 찾아가서 상담받긴 어렵지만 교수님이 먼저 불러 주시면 좋겠다."
  ⇨ 학생 521명 중 230명(44.1%)의 학생들이 '(매우)그렇다'고 응답

2) 학생들은 교수님과의 상담을 통해 변화하고 있습니다!

학생들은 교수님과의 상담에서 무엇을 경험하고 있을까요? 〈표 2〉에 나타난 대학생들의 설문조사 응답 결과를 보면, 많은 학생들이 긍정적인 경험을 하였음을 알 수 있습니다.

- 문항 1: "지금까지 이루어진 (지도)교수님과의 상담 전반에 대하여 만족스럽게 느낀다."
  ⇨ 학생 507명 중 182명(35.9%)의 학생들이 '(매우)그렇다'고 응답
- 문항 2: "(지도)교수님과의 상담이 학생들에게 도움이 된다고 생각한다."
  ⇨ 학생 520명 중 345명(66.4%)의 학생들이 '(매우)도움이 된다'라고 응답
- 문항 3: (지도)교수님과의 상담에서 도움이 되었던 경험을 적어 보세요(주관식 질문).
  ⇨ 교수님의 따뜻하고 친절한 태도에서 '심리적인 힘'을 얻었다는 응답과 평소 궁금해하던 '학업' '진로 및 취업' 문제에 대한 정보를 얻을 수 있어 좋았다는 응답으로 요약할 수 있음.

〈표 2〉 대학생 대상 설문조사 결과(일부)[1] : 교수님과의 상담 경험

문 항	전혀 그렇지 않다	그렇지 않다	보통	그렇다	매우 그렇다
1. 지금까지 이루어진 (지도)교수님과의 상담 전반에 대하여 만족스럽게 느낀다.	56명 (11%)	65명 (12.8%)	204명 (40.25)	140명 (27.6%)	42명 (8.3%)
2. (지도)교수와의 상담이 학생들에게 도움이 된다고 생각한다.	10명 (1.9%)	32명 (6.2%)	133명 (25.6%)	249명 (47.9%)	96명 (18.5%)
3. (지도)교수님과의 상담에서 도움이 되었던 경험을 적어 보세요(주관식 질문). ⇨ 199명의 주관식 응답 중 몇 가지 예만 제시[2]	• 학업을 포기하려고 할 때 학업을 계속하도록 용기를 준 점 • 학교를 중퇴하려 했을 때 제 결정을 돌리려고 설득해 주시고 칭찬해 주신 점 • 부족한 과목 및 전공에 대한 확고한 인식을 심어 주고, 가능성을 제시해 주었음 • 교수님이 웃으면서 대해 주신 것 • 진로나 취업에 대해서 갈피를 잡지 못하고 있을 때 조언을 해 주셔서 진로결정하는 데 도움이 된 것 • 전공선택과 관련하여 많은 조언을 해 주셔서 선택하는 데 많은 도움이 되었음 • 진로에 대해 많은 정보를 주시고, 많은 대화를 나눌 수 있었다. 개인적으로 더 친근해지고 그만큼 더 수업에 열중하게 되었다.				

주 1) 본 가이드북 제작을 위한 설문조사 자료 중 일부임.
주 2) 주관식 응답에 대한 보다 자세한 내용은 '〈부록 1〉 학생의 (지도)교수와의 상담 경험'에 제시함.

2 평소에 교수-학생 간 좋은 관계 맺어 두기

교수의 상담이 효과를 발휘하기 위해서는 무엇보다 평소에 학생과 좋은 관계를 맺어 두는 것이 필요합니다. 그럼, 어떻게 학생과 좋은 관계를 맺을 수 있을까요? 교수와 학생은 평소 수업시간, 학과 모임, 대학 캠퍼스의 다양한 장소에서 공식적 · 비공식적으로 만나게 됩니다. 그리고 학생들은 이러한 만남에서 자신에게 어떻게 대해 주었는지에 따라 교수님에 대한 인상을 형성하게 되며, 이것이 상담관계에 영향을 미칠 수 있습니다.

[수업장면]

[상담장면]

'좋은 관계 맺기'의 기본적인 원리

✓ 원리 1: 학생의 잠재가능성에 대해 믿음을 표현해 주는 것

'학생의 잠재가능성에 대한 믿음을 갖는다?' 듣기에 따라서는 쉬운 말처럼 들릴지 모르지만 실천하기에는 그리 쉽지 않은 일입니다. 왜냐하면 우리 주위에는 신뢰가 가는 학생도 있지만 그렇지 못한 학생도 있기 때문이지요. 예를 들어, 수업시간에 결석이나 지각을 자주하고, 과제도 잘 해 오지 않는 학생이 있다면 이 학생에 대해 믿음을 갖기란 쉽지 않을 것입니다. 이처럼 믿음이 가지 않는 학생은 어떻게 할까요?

⇨ (이렇게 해 보세요!) 그러한 학생에 대해서도 '너는 안 되겠다.'고 판단하지 말고, '너도 잘 하고 싶은 마음이 있지?' 하는 마음, '너도 참 잘 하고 싶을 텐데, 마음대로 되지 않아 속상하겠구나.' 하는 마음을 갖고 대하자는 것입니다. 학생이 겉으로 드러내는 몇 가지 행동으로 섣불리 학생의 가능성까지 판단하지 말고 '너 나름대로 사정이 있어 지금은 몇 가지 부적절한 행동을 보이고 있지만 잘 하고 싶은 마음도 있고, 잘 할 수 있는 힘도 있을 것이다.'라는 마음으로 학생을 대하자는 것이지요. 그러한 교수님의 마음이 학생에게 전달될 때 그것은 학생을 변화시키는 아주 큰 힘으로 작용하게 됩니다.

"너도 대학생이 되어 뭔가 잘 해 보고 싶었을 텐데, 마음처럼 잘 안 되어 실망스럽겠구나. 어떤 어려움이 있는거니?"

사례 **학생을 변화시킨 교수의 말 한 마디**

사실 제가 생각해도 저는 참 문제 많은 학생이었어요. 대학생인데도 책임감 없이 저에게 주어진 자유만 누리면서 정말 아이처럼 행동했어요. 과제도 대충 하고, 때로는 안 내고…… 지각하고, 성적도 나쁘고……. (그런데 어떻게 지금은 이렇게 잘하게 되었지?) 그게요, 마음이 정말 중요한 것 같아요. 대학도 사실은 제가 원하던 대학이 아니었고, 학과도 대충 점수 맞춰 왔는데, 그래서 그런지 신도 안 나고, 내가 왜 이렇게 해야 하는지도 모르겠고……, 그런데 어느 날 한 교수님이 저를 부르시더니, "**많이 힘든가 보구나, 너무 길게 가지 않게 해라. 그리고 힘내! 너는 한다고 마음 먹으면 할 수 있는 사람이란 걸 알아.**" 하시는 거예요. 그 순간 뭔가에 머리를 얻어맞은 느낌이 들면서 정신이 번뜩 들더라구요. 그리고는 거짓말처럼 막 힘이 나는 거예요. 다시 해 보고 싶다, 정말 열심히 해 보고 싶다는 마음이 들더라구요.

✔ 원리 2: 학생의 입장에 서 보려는 자세로 이야기하는 것

'좋은 관계'를 맺기 위한 또 하나의 원리는 상대방의 입장이 되어 대화하는 것입니다. 나는 교수로 여기에 있고, 너는 학생으로 거기에 있는 상태로 만나는 것이 아니라, 학생과 만나는 그 순간은 내 앞에 있는 그 학생의 입장이 되어 보는 것입니다. 이를 상담에서는 '공감(empathy)'이라고 부르지요. 공감은 상대방을 변화시키는 막강한 힘을 갖습니다. 상대방을 위해서 특별히 어떤 조언이나 기법을 사용하지 않더라도, 학생이 하는 이야기를 정말 그의 입장에서 듣고 그에 맞는 적절한 반응을 해 주는 것만으로도 학생은 큰 힘과 도움을 얻고 돌아갈 것입니다(⇨ p. 33 '이해해 주기' 참조).

2

상담을 위한 환경의 준비

1. 학생과 상담할 시간을 미리 확보해 두기
2. 학생의 기본적인 자료 살펴보기
3. 상담기록을 위한 준비하기

편안하고 안정된 분위기에서 상담이 이루어질 수 있도록 하려면 학생을 만나기 전에 몇 가지 준비해 둘 사항이 있습니다. 상담을 위한 시간을 확보해 두는 것, 학생의 기본적인 자료를 살펴보는 것, 상담기록을 위한 준비를 하는 것 등이지요.

1 학생과 상담할 시간을 미리 확보해 두기

상담 가능한 시간대를 미리 학생들에게 공지하고, 상담을 원하는 학생은 미리 약속을 하고 오도록 하는 것이 좋습니다.

교수들은 일반적으로 한 학기 동안 상담 가능한 시간대를 미리 학생들에게 공지하고, 학생들로 하여금 이 시간대에 찾아오도록 안내합니다. 그러나 이렇게 상담시간을 정해 놓았다 하더라도 이 시간 내내 항상 학생들이 찾아오는 것이 아니므로 실제로는 연구실에서 다른 일에 몰두해 있을 때가 많지요. 이렇게 다른 일을 하고 있을 때 학생이 상담을 하기 위해 찾아오면 반갑기보다는 일에 방해가 된다고 느끼기 쉽습니다. 그러므로 이런 상황이 벌어지지 않도록 하기 위해서는 학생들로 하여금 미리 약속을 정하고 오도록 안내하는 것이 좋습니다.

Q&A 약속 없이 갑자기 찾아오는 경우에는 어떻게 하지요?

이럴 경우, 어떤 원칙이 있는 것은 아니지만 무엇보다 학생이 거부당한다는 느낌을 받지 않도록 하면서 학생과 이야기하는 동안 만큼은 학생에게 집중하는 것이 중요합니다.

ⓐ 일단은 환영을 해 주고 → ⓑ 약속을 하고 오라고 했던 것에 대한 의도를 전달하고 → ⓒ 교수가 현재 어느 정도의 시간을 낼 수 있는지 미리 이야기해 주고, 나머지 이야기는 다음에 하기로 하고 다시 만날 약속을 정합니다.

학생: 교수님, 상담 좀 했으면 해서 찾아왔는데요, 지금 괜찮으세요?

교수: 그래, 어서 와라(ⓐ). 미리 약속을 하고 왔으면 만날 준비를 하고 있었을 텐데, 뭔가 급한 일인가 보지?

학생: 그렇게 급한 일은 아닌데요, 이 시간대에 그냥 오면 되는 줄 알고 왔어요.

교수: 그랬구나. 갑자기 찾아오면 내가 하고 있던 일 때문에 학생들의 이야기에 집중하기가 어려울 수 있어. 그래서 미리 약속을 하고 오라는 거였지(ⓑ). 지금 대략 10분에서 15분 정도는 시간을 낼 수가 있으니 이 시간 안에 이야기를 해 보고, 이야기가 길어지면 다음에 약속을 하고 다시 만나도록 하자(ⓒ).

2 학생의 기본적인 자료 살펴보기

학생과 보다 효과적인 상담을 하기 위해서는 학생의 인적사항, 가정상황 등이 기록되어 있는 '학생카드'와 같은 기본적인 자료를 미리 살펴보는 것이 필요합니다.

✔ 어떤 점에서 도움이 되나?

첫째, 상담시간에 학생의 기본적인 사항을 물어보는 데 드는 시간을 절약할 수 있습니다.

둘째, 대화를 보다 깊이 있게 나눌 수 있습니다.

✔ 학생자료는 어디서 볼 수 있나?

대학에 따라 다른데, 대학의 전산시스템에서 확인 가능한 경우도 있고, 학년 초에 학생들이 작성한 '학생카드'를 각 지도교수가 보관하고 있는 경우도 있을 것입니다.

3 상담기록을 위한 준비하기

1) 상담기록의 필요성

• 효과적인 상담진행의 측면: 학생과의 상담이 단회로 끝나는 것이 아니라 여러 차례 반복될 경우, 이전에 어떤 이야기를 나누었는지에 대한 기억을 도

울 수 있습니다.

- 행정적 측면: 교수평가, 학과평가, 대학평가 등 다양한 평가의 근거자료로 활용할 수 있습니다(이 경우, 상담내용의 공개에 대해서는 주의가 필요합니다. p. 22 '3) 상담기록의 윤리적인 문제'를 참고하세요.).

2) 상담기록의 방법

상담기록의 방식은 대학에 따라 차이가 있을 텐데, 전산시스템 상에 기록하도록 하는 경우도 있고, 종이에 기록하도록 하는 경우도 있을 것입니다. 교수에 따라 어떤 분은 전산시스템상에서 기록하는 것을 선호하고, 어떤 분은 종이에 기록하는 것을 선호할 것입니다. 그런데 학생과 이야기하면서 전산상 입력하는 것은 학생의 입장에서 보면, 뭔가 자신의 이야기가 기록된다는 불안감을 줄 수 있고, 이것이 학생의 이야기를 경청하는 것에 방해가 될 수도 있으므로 종이에 몇 가지 중요한 사항만을 기록해 두었다가 나중에 전산상에 입력하는 방법이 적절할 것으로 보입니다.

✓ 학생과의 상담, 이렇게 기록해 보세요.

다음과 같은 학생상담 기록양식을 만들어 사용하고, 이를 개인별 차트(다음에서 설명함)에 끼워 보관합니다.

학생상담 기록지*	
○ 이름 :	○ 학년 :
○ 날짜 : 년 월 일 (요일)	
○ 상담의 주요 내용(학생이 이야기한 주요 내용)	
○ 상담 후 소감(상담 및 학생지도에 대한 방향, 의견 등)	

* 복사하여 활용할 수 있도록 〈부록 2〉에 제시함.

✔ 학생과의 상담, 이렇게 관리해 보세요.

한 명의 교수가 담당해야 할 지도학생의 수는 대학 및 학(부)과별로 차이가 있겠지만, 일반적으로 몇십 명에 이르는 많은 학생을 맡고 있을 것입니다. 이들 학생과의 상담을 관리하기 위해서는 개인별 차트를 마련하는 것을 추천합니다.[1] 손쉽게는 학교에서 행정서류 보관 시 사용하는 서류철을 활용하여 학생 개인별 상담 차트를 만들 수 있을 것입니다. 겉표지에 이름을 기록하고, 학생과 상담한 기록지(앞에서 제시한 '학생상담 기록지')를 철하여 놓습니다.

1) 대학차원 또는 학과차원에서 학생상담을 위한 기록 용지와 차트를 만들어 제공하면 좋겠지만, 이러한 지원이 없는 상황에서 교수 개인이 활용할 수 있는 방법에 대해 제안하고자 한다.

3) 상담기록의 윤리적인 문제

상담의 기록은 한 개인의 사적인 내용을 담고 있고, 상담은 기본적으로 비밀보장을 원칙으로 하기 때문에 윤리적인 문제를 포함하고 있습니다. 그래서 전문상담기관에서는 상담 기록철을 일정자격이 되는 사람만 접근 가능하도록 철저히 보관하고 있습니다.

(지도)교수와 상담을 할 경우, 심리적인 문제보다는 학사 운영이나 공부 방법, 취업관련 문제들에 대해 이야기를 나눌 가능성이 높습니다. 그리고 이러한 내용은 대부분의 학생들이 경험하는 보편적인 문제이고, 따라서 비밀보장이 크게 문제되지 않을 수 있다고 생각할 수 있습니다. 그러나 학생의 입장에서 내가 교수님과 이야기한 내용이 공개된다고 생각하면 교수님과의 상담에 대해 마음이 열리지 않을 것이고 형식적인 상담으로 끝날 가능성이 큽니다. 또한 경우에 따라서는 개인정보 유출의 문제가 발생할 가능성도 배제하기는 어려울 것입니다. 그렇다고 기록을 전혀 하지 않을 수도 없고 어떻게 하면 좋을까요? 반드시 어떻게 해야 한다는 정답을 제시하기는 어렵지만 참고하실 수 있을 것 같아 안내합니다.

⇨ 지도교수만 볼 수 있도록 '상담기록지'에 기록을 하되, 만약 노출될 경우, 정말 학생에게 해가 될 것이라 여겨지는 내용은 교수님만 알아볼 수 있도록 기호화하여 표기합니다. 그리고 행정을 위해 필요한 기록은 다소 객관화된 용어로 요약하여 기록해 두는 것이 좋습니다.

Q & A 학생과 상담하면서 기록을 하면, 학생입장에서 기분 나쁘지 않을까요?

그럴 수 있습니다. 경우에 따라서는 유난히 예민한 반응을 보이는 학생도 있을 수 있구요. 기록을 할 때는 먼저 간단히 학생에게 "내가 많은 학생을 만나기 때문에 ㅇㅇ와 이야기하는 내용을 다 기억하기가 어렵거든. 그래서 중요하다고 생각되는 사항은 간단히 메모를 할 거예요. 혹시 내가 메모하는 것이 신경 쓰이거나 싫다면 하지 않을 수도 있어요."라고 설명을 하는 것이 좋습니다.

chapter 2

효과적인 대화기법

1_ 들어주기
2_ 표현하기
3_ 이해해 주기
4_ 질문하기
5_ 잘못 지적하기

1
들어주기

들어가기 전에

학생과의 상담시간을 효과적으로 이끌어 가기 위해서 반드시 지켜야 할 몇 가지 원칙이 있습니다. 우선, 학생들이 말하는 내용에 대해서 그들을 존중하는 마음으로 들어주어야 주어야 합니다. 이를 '경청'이라 합니다. 또한 열심히 듣는 것 외에도 학생들의 입장에서 느끼고 생각하는 '공감적 이해'가 필요합니다. 그 밖에도 다양한 표현과 질문들을 통해서 상담시간을 즐거우면서도 유익한 시간으로 이끌어 가는 기술이 필요합니다.

상담을 잘 이끌어 가기 위해서 교수는 상담장면에서 학생들이 하는 이야기를 잘 들어주어야 합니다. 잘 들어주기, 즉 '경청'은 일반적인 대화에서는 물론 상담에서 가장 기본적으로 이루어져야 할 요건이라 할 수 있습니다.

1 경청의 효과

1) 학생들은 교수가 자신의 이야기를 잘 들어줄 때, 충분히 존중받고 수용받는 느낌을 갖게 됩니다.

교수들은 학생과의 상담에서 무언가 중요한 이야기나 교훈적인 내용을 지도하고 가르쳐야 한다고 생각하기 쉽습니다. 실제로 많은 교수들이 "학생들에게 특별히 해 줄 말이 없다." 혹은 "상담내용이 부족하다고 느끼며, 무슨 말을 해줘야 할지 잘 모르겠다."고 하소연을 합니다. 하지만 학생들의 생각은 다른 것 같습니다. 학생들은 그저 자신의 어려운 상황이나 심경을 털어놓고 위로받고 싶은 마음에 교수님을 만나고자 합니다.

2) 잘 들어야만 학생의 마음을 정확히 이해할 수 있고, 적절한 질문도 가능합니다.

상담에서는 학생이 갖고 있는 상담주제를 지속적으로 잘 이끌어 가면서 깊이 있는 대화를 나누는 것이 중요합니다. 이는 잘 들어야만 가능합니다. 학생이 중요하게 생각하는 부분이 무엇인지 정확히 파악하고, 필요시 질문할 수 있도록 잘 듣습니다. 잘 들어야만 학생의 현재 마음상태나 교수에게 전하고자 하는 바가 무엇인지 정확히 이해할 수 있습니다.

2 경청의 방법

1) 귀로 듣기(언어적 부분)

무엇보다 교수는 학생들이 하는 말을 들어야 합니다. 이때는 단순히 소리로 들어서는 안 되며, 학생들이 하는 말의 내용, 즉 주요 호소문제가 무엇이며, 상담을 통해 도움받고자 하는 바가 무엇인지를 정확히 이해하며 듣는 것이 필요합니다.

2) 눈으로 듣기(비언어적 부분)

교수는 직접적으로 표현되는 '말' 이외에 눈을 통해서 그 사람의 얼굴 표정, 손짓, 몸의 움직임, 자세 등의 더 중요한 메시지들을 읽어 낼 수 있어야 합니다. 학생이 말하는 내용과 얼굴 표정이 일치되는지를 살펴야 하며, 일치되지 않는다면 좀 더 깊이 있는 관찰이나 탐색이 필요합니다.

3) 마음으로 듣기(공감적으로 듣기)

경청을 잘 하기 위해서는 귀와 눈으로 듣는 것 외에도 진실한 마음으로 듣는 것이 필요합니다. 상담자가 제3의 귀를 가지고 상대방의 가슴에 있는 '소리 없는 소리' 또는 '마음의 소리'를 듣는 것(박성수, 1994)이 필요하며, 학생의 입장에서 함께 느끼며, 생각해야 합니다.

2

표현하기

학생상담의 효과를 높이기 위해서는 교수가 현재 학생의 말을 잘 듣고 있으며, 학생과의 만남을 중요하게 여기고 있다는 것을 좀 더 구체적이고 정확하게 전달할 필요가 있습니다.

1 표현의 중요성

학생들은 교수의 언어적, 비언어적 표현을 통해서 교수가 자신이나 자신과의 만남을 어떻게 평가하고 느끼는지를 알게 됩니다. 교수가 다양한 방식을 통해 자신이 잘 듣고 있음을 표현해 주고, 상담 중에 느끼는 교수의 마음이나 생각을 적극적으로 나타내 주면 학생들은 교수의 마음을 오해하지 않고 보다 정확하게 의사소통할 수 있게 됩니다.

2 표현의 방식

언어적인 반응뿐 아니라, 얼굴 표정이나 끄덕임, 몸의 자세, 눈빛 등의 비언어적인 요소들을 통해서도 많은 메시지들이 전달됩니다. 따라서 상담장면에서는 개방적이고 수용적인 태도로서 학생들에게 다가갈 필요가 있습니다. 다양한 표현방식을 구체적인 설명과 예시를 통해 소개합니다.

1) 바꾸어 말하기

- 학생이 말한 내용을 교수가 이해한 말로 바꾸어 표현하는 것

사례 바꾸어 말하기

- '내가 듣기에는 ○○가 □□하다는 말이구나.'
- '다시 말하면 □□하다는 말이구나.'
- '그래서 지금 ○○ 기분이 □□하겠구나.'
- '내가 이해하기로는 □□하다는 말이구나.'

2) 명료화하기

- 학생이 어떻게 생각하고 어떻게 느끼는지를 대화맥락에서 잘 이해하기 위해서 학생들이 말한 내용의 의미를 좀 더 명확하게 확인하는 것
- 의미를 명확하게 확인하기 위해 좀 더 구체적인 예나 상황을 설명해 달라고 하는 경우

사례 명료화하기

- "네가 □□라고 말했는데, 그게 어떤 의미인지 말해 주겠니?"
- "좀 더 구체적인 예를 들어 줄 수 있을까?"
- "스스로에 대해서 자신이 없다는 말이구나. 그럼, ○○는 자신의 부족한 점이 무엇이라고 생각하니?"

- "공무원시험을 보기로 충분히 검토하고 결정했다 이 말이지. 그래, 그럼 구체적으로 어떤 준비를 해야 할까? 하나 하나씩 생각해 보기로 할까?"

3) 요약하기

- 상담하는 과정 동안 다루어진 내용을 종합하는 과정
- 상담을 통해서 다룬 내용과 다루지 못한 것, 혹은 앞으로 하기로 약속한 것 등을 구체화하기
- 상담이 시작되기 전에 지난번 상담에서 다루었던 내용이나 이어서 다루어야 할 내용이 무엇인지 함께 확인하고 시작하기

사례 **요약하기**

- 상담을 시작할 때

"지난번에 만났을 때 ○○가 시간관리가 참 힘들고 안 된다고 했었지. 그래서 한 주 동안 수업에 빠지지 않기, 게임시간 조정하기 등 몇 가지를 지켜보기로 약속했었는데, 그렇지?"

- 상담 과정 중에

"그럼, 지금까지의 흥미 · 적성검사 결과를 살펴보면 ○○에게 가장 적합한 일이 현재 전공과 딱 맞는 일들이네. 앞으로 원하는 직업도 일관성이 있는 것 같고. 그럼, 이어서 생애설계 작업을 통해서 정말 네가 원하는 일이 무엇인지 좀 더 확인해 보도록 할까?"

- 상담을 끝내면서

"그래. 오늘은 ○○가 이성친구들 앞에서 유독 더 힘들고 자신감이 없어지는 문제에 대해서 얘기하고, 어떻게 하면 좀 편안하게 여자친구를 대할 수 있을까 방법을 찾아봤다. 그럼, 다음 한 주 동안에는 아까 가르쳐 줬던 방법을 꼭 적용해 보고 기록지에 그날그날 과제를 해 가지고 오길 바래."

3
이해해 주기

학생과의 상담이 일반적인 교육이나 훈계와 다르게 진행되기 위해서는 교수가 학생들을 마음 깊이 이해하는 것이 필요합니다. 즉, 학생의 입장에서 이해하고 마음을 읽어 주는 공감은 가장 핵심적인 상담기술입니다.

1 학생상담에서 '공감'의 의미

- 공감적 이해는 내담자의 내면세계에서 진행되는 심층적인 경험을 상담자가 정확히 이해하여 전달해 주는 것(이장호, 정남운, 조성호, 2007).
- 교수가 학생들의 내면세계, 즉 현재 겪고 있는 경험들을 그들의 입장에서 보다 깊이 있게 이해하고, 정확하게 짚어 주는 것.

2 공감적 대화의 효과

1) 공감적 대화를 통해 학생들의 마음은 더 많이 열립니다

많은 학생들이 교수와의 상담을 원하지만 상담을 신청하거나 찾아오는 일이 그리 쉽지 않다고 합니다. 더군다나 교수가 학생들의 입장이나 마음을 헤아려 주지 못하고 일방적인 지시나 훈계로 이어진다면 학생들은 겨우 열었던 마음을 그만 닫아 버리게 됩니다. 하지만, 공감적 대화를 하면 학생들은 점점 더 마음을 열고 더 깊고 솔직한 자신의 이야기를 이어갑니다.

2) 학생들이 극단적인 결정(자살이나 자해 등)을 내리는 것을 막을 수 있습니다

학생들이 자살이나 자해 등의 극단적인 결정을 하는 이유는 세상에 자신을 이해해 주는 사람이 하나도 없다는 좌절감과 이로 인한 외로움 때문입니다. 또는 자신이 잘못을 저질렀다는 죄책감 혹은 용서받을 수 없다는 절망감 때문입니다. 교수가 상담을 통해서 학생들의 심정과 어려운 상황을 있는 그대로 인정해 주는 것은 세상에 혼자가 아니며 '내 심정을 이해해 주는 내 편이 있다.'는 든든함을 줄 것입니다.

3) 좌절 속에서도 다시 시작할 수 있는 용기를 주며, 자신에 대한 지적도 기꺼이 받아들일 수 있는 힘을 줍니다

학생들이 교수의 지적이나 훈계를 일방적이라고 느끼는 이유는 학생 자신의 입장에 대해서 교수가 잘 알지 못한다고 생각하기 때문입니다. 공감적 대화가 결여된 상태에서는 그 어떤 충고도 효과적일 수 없습니다. 즉, 공감적 대화를 통해서 학생의 입장을 이해하고 있음이 충분히 전달되어야만 학생들은 그 이후 제시되는 지적이나 조언을 긍정적으로 받아들이며, 다시 시작할 수 있는 용기도 얻을 수 있는 것입니다.

사례 **공감적 대화**

• 예시 1

학생: 우리 집은 왜 그리 시끄러운지 모르겠어요. 집에서는 영 공부할 마음이 없어요. 맘에 안 드네요.

교수: 가족들이 좀 더 조용히 해 주면 공부를 더 잘할 수 있을 것 같다는 말이구나.(← 뭐가 시끄럽다고 그래? 남들은 다 잘만 하고 있구만. (×))

• 예시 2

교수: ○○는 주로 혼자 다니는 것 같구나.

학생: 네. 어쩌다 보니 캠퍼스에는 친구가 하나도 없어요. 마음 터놓고 이야기할 만한 애도 별로 없구요.

교수: 그렇구나. 마음 터놓고 얘기할 만한 친구가 없어서 외롭겠구나. 함께 다니면서 우정도 쌓고 하면 좋을 텐데 말이다.

학생: 네. 그러게요. 교수님은 제 맘을 참 잘 알아주시네요.

교수: ○○가 장점이 많으니, 좀 더 적극적으로 다가가면 다른 친구들도 ○○를 가까이 하게 되지 않을까 싶구나.

학생: 아……. 네. 교수님. 그러고 보니 제가 그동안 다가가기보다는 다가올 때만 기다리고 있었던 것도 같네요. 다음부터는 저도 좀 더 적극적으로 친구를 사귀도록 해 봐야겠네요. 고맙습니다.

4
질문하기

상담에서 대화의 많은 부분은 교수와 학생이 서로 질문하고 답하는 내용들로 이루어집니다. 교수 혼자서 강의하듯이 말하거나 특정 내용을 지시하는 것은 올바르지 못하며, 또한 학생이 상담시간 내내 혼자서 자신의 고민을 털어놓는 것도 효과적이지 못합니다.

1 이럴 때 질문하세요(질문의 목적)

우리는 대화과정에서 많은 질문을 하고 질문을 받습니다. 그렇다면 상담 장면에서 질문을 효과적으로 사용하는 방법은 무엇일까요?

우선, 주로 언제 질문을 하게 되는지부터 소개합니다.

✔ 학생들을 좀 더 잘 이해하고자 여러 가지 궁금한 것들을 묻는 경우

- 최근에 어떻게 지내고 있는가?
- 관심을 갖고 있는 분야는 무엇인가?
- 가족사항은 어떠한가?
- 이성 친구는 있는가?
- 학교생활에 힘든 점은 없는가?

✔ 학생이 말한 내용을 잘 듣지 못했거나 잘 이해하지 못한 상황에서 단순히 확인차 다시 묻게 되는 경우

- 미안하네. 방금 한 말을 잘 못 들었는데, 뭐라고 했지?
- 방금 ○○가 한 질문을 놓쳤네. 미안하지만, 다시 말해 줄 수 있겠나?

✔ 학생들이 한 말의 내용 중 좀 더 상세하고 정확히 이해하고자 하는 경우

- 관심분야에 대해서 말했는데, 내가 잘 모르는 분야네. 좀 더 말해 줄 수 있겠나?
- 요즘 학교생활이 힘든 모양인데, 좀 더 구체적으로 말해 주면 좋겠네. 어떤가?
- ○○가 전공을 바꿔야겠다고 생각했다 이거지. 그래, 그렇다면 혹시 그렇게 생각하게 된 계기라도 있나?

✔ 교수가 한 말을 학생들이 제대로 잘 이해했는지 확인하고자 하는 경우

- 내가 너무 장황하게 말한 것 같네. 내가 한 말을 어떻게 이해했나?
- 그래. ○○ 얘기를 들으니 혹시 나의 말을 잘못 이해한 것이 아닌가 싶은데, 다시 한 번 얘기해 줄 수 있을까?

✔ 학생들이 자기를 탐색할 수 있도록 질문을 사용하는 경우

- ○○가 무작정 그냥 학교에 통 안 나오고 있어 걱정이 되었단다. 요즘 계속 학교생활에 적응을 못하겠다면서 자퇴를 생각하고 있다고 들었는데, 구체적으로 어떤 면에서 힘들게 느껴지는지 말해 주겠니?
- 혹시 학교를 그만두면 어떻게 해야겠다는 생각을 해 보았니?

✔ 학생들에게 좀 더 편안하게 말을 시작할 수 있도록 돕고자 하는 경우

- 그래. ○○가 말을 꺼내기가 힘든 모양이야. 혹시 지금 무슨 생각을 하고 있는지 말해 보면 어떨까?
- 지금까지 이성 친구에 대한 얘기를 했는데, 혹시 다른 할 얘기가 더 있는지 궁금하네.

2 이렇게 질문하세요(질문의 방법)

질문에는 폐쇄질문('예' '아니요'로 대답하게 하는 질문의 형태)과 개방질문(상대방이 자신의 생각이나 느낌을 자유롭게 이야기할 수 있도록 하는 질문의 형태)이 있습니다. 질문은 상황에 따라서 적절하게 선택해야 하며, 적절한 방법으로 이루어질 때 효과적입니다. 상담과정에서 질문을 사용할 때 반드시 지키면 좋을 원칙이 있어 몇 가지 소개합니다.

1) 가능한 한 질문은 개방적으로 하는 것이 좋습니다

상담을 보다 깊이 있는 대화로 이끌어 가기 위해서는 학생들이 대답을 단순

히 '예' '아니요'(폐쇄질문)로 할 수 있는 형태의 질문보다는 자신의 의견이나 느낌을 편안하게 이야기할 수 있도록 질문(개방질문)하는 것이 바람직합니다.

[예 1] 요즘 공부는 잘 하고 있니? ⇒ 요즘 공부는 좀 어떠니?

[예 2] 졸업 후 진로는 결정했니? ⇒ 졸업 후 진로는 어떻게 생각하고 있나?

2) 질문을 할 때는 한 번에 하나씩 하는 게 좋습니다

아무리 관련된 질문이라도 한꺼번에 여러 가지를 하면 정확한 답변을 듣기 어렵고, 혹은 한꺼번에 일축해서 답할 가능성이 높습니다.

사례

• 일반적인 대화

교수: 그래. 요즘 취업준비는 잘 되니? 학교생활도 괜찮고? 전에 집안에 어려운 일이 있다고 했었는데 지금은 어떤가?

학생: 아……, 네……. 그냥요.

교수: 그래. 잘 되고 있는 것 같구나. 특별히 어려운 점은 없구?

학생: 아……, 네……. 그냥 하고 있어요.

교수: 잘 하고 있는 모양이니 다행이구나. 그래, 그럼 애쓰려무나.

학생: 아……, 네……. 그럼, 가보겠습니다. 교수님.

• 이렇게 바꿔보세요

교수: 그래. 요즘 취업 준비하느라 고생이 많겠구나. 힘든 점도 많을 텐데 주로 뭐가 힘들고 어렵니?

학생: 네. 생각처럼 영어성적도 잘 안 나오는 것 같구요. 시간은 빨리 지나가는 것 같고, 학교공부와 병행하려니 정신이 없네요. 마음만 급한 것 같구요.

교수: 그래. 영어성적 올리랴, 학점 챙기랴 열심히는 하는데 시간만 가는 것 같아 불안한 모양이구나. 그중에서 가장 우선으로 삼아야 할 게 무엇인 것 같니?

학생: 교수님 말씀 듣고 보니, 그동안 이것저것 많이만 챙겨야 한다고 생각했었는데 제일 중요한 게 뭔지는 미처 생각을 못해 봤었네요.

교수: 그랬구나. 물론 다 중요할 수도 있겠지만 네가 가려는 ○○회사에서는 학점이나 영어점수보다도 면접 때 네가 보여 주는 태도나 열정이 무척 중요한 것으로 아는데, 너는 어떻게 알고 있었니?

학생: 미처 생각을 못했었네요. 그저 다들 학점과 영어만 강조를 하니까요. 교수님, 그러면 지난번 말씀해 주셨던 대로 학교 취업 프로그램에도 면접관련 내용이 있으니 한 번 더 찾아봐야겠네요. 새로운 정보와 미처 생각하지 못한 부분까지 생각해 보게 해 주셔서 정말 고맙습니다.

3) 질문 후에는 어느 정도 기다려 주는 것이 필요합니다

상담장면은 예상질문에 대비한 면접장면이 아니므로, 학생들에게 질문을 하고 나서 생각할 여유를 주는 게 좋습니다. 반사적으로 나오는 답변보다는 시간을 갖고 생각한 후 나오는 반응이 더 진지하고 솔직한 반응일 수 있습니다. 교수는 학생의 답변을 기다리는 동안 학생의 눈빛이나 표정, 자세, 호흡과 같은 다양한 반응을 관찰하면서 기다려 주면 좋습니다.

5

잘못 지적하기

학생과의 대화에서 두 가지 유의할 사항이 있습니다.

- 지나치게 평가적이거나 비난의 느낌을 주지 않기
- 인격적으로 모욕감을 느끼지 않게 하기

지금까지 학생들에게 비난이나 모욕감을 느끼게 하지는 않았는지 생각해 볼 필요가 있습니다. 학생들의 입장에서 볼 때, 교수님께 지적받은 내용이 사실이라면 본인도 인정할 수밖에 없을 것입니다. 하지만, 확대해석해서 지적을 받거나 왜 그런지 이유도 모른 채 혼이 난다면 어리둥절하거나 감정적으로 불쾌하게 느낄 것입니다. 결국, 대화는 막히게 되고 마음도 닫히게 됩니다. 이왕이면 학생은 비판받거나 일방적으로 혼난다는 느낌을 갖지 않으면서 교수는 학생들에게 바람직한 제안을 할 수 있다면 더 없이 좋을 것입니다.

좀 더 구체적으로 학생들과의 대화를 효과적으로 이끌어 가는 데 필수적인 세 가지 방법에 대해서 소개하고자 합니다.

1 나-전달하기(I-message)

나-전달법은 너-전달법과 비교해서 더 잘 이해할 수 있습니다. 우리는 자칫 '너'를 주어로 해서 '너는 ~하다.'라는 식으로 말하는 경우가 있습니다. 이런 경우 지적을 받은 학생은 반성보다는 교수에 대한 반감을 가져 저항하거나 방어적이게 됩니다. 이와는 달리 나-전달법은 학생의 잘못된 행동에 대한 교수 자신에 대한 생각이나 느낌을 표현해 주는 방식입니다.

1) 방법

'나'를 주어로 하여 상대방에 대한 나 자신의 감정, 생각, 신체적 상태를 표현하는 대화법으로, "네가 ~(행동)하니까, 나는 ~(감정)하게 느낀다."라고 표현하는 방식('너-전달법': '너'를 주어로 하여 '너는 ~하다.'라는 식으로 표현해서 상대방의 행동에 대한 평가나 비평을 하는 대화방식)

사례 **올바른 나-전달법**

- "○○가 자꾸 지각을 하니 내가 좀 화가 나네."
  (← 자네는 도대체 왜 그렇게 매일 지각이야? : 너-전달법(×))
- "네가 그렇게 말하니까 내가 좀 당황스럽구나."
  (← 너 아주 건방지구나 : 너-전달법(×))

2) 효과

- '내가 지각을 해서 교수님이 언짢으시구나. 지각을 하지 말아야 겠네.'라고 스스로 생각하게 함.
- 교수님이 개방적이고 솔직하다는 인상을 받음 .
- 학생에게 교수의 감정과 생각을 솔직하게 전달함으로써 서로 간의 이해 증진

2 Do – 언어(지금 – 여기, 구체적으로 이야기하기)

Do-언어로 대화하는 방법 역시, Be-언어로 말하기와의 비교를 통해 더 잘 이해할 수 있습니다. 우리는 평소에 상대방의 문제행동만을 지적하기(Do-언어)보다는 그 행동을 전반적인 성격특성이나 인격으로 확대시켜 말하는 경우(Be–언어)가 있습니다. 이때 학생들은 영문도 모르면서 기분이 몹시 나빠지거나 인격적으로 모욕감을 느끼게 됩니다. 그렇다면 Do-언어는 어떤 방식으로 이루어지며, 어떤 효과가 있을까요?

1) 방법

- 상대방의 문제행동만을 구체적으로 가리켜 표현하기
- 상대방의 인격이나 성격특성으로 일반화하지 않기

2) 효과

- 상대의 문제행동을 평가하거나 비판 없이 구체적으로 지적하기 때문에 상대방이 자신의 어떤 행동이 잘못된 것인지를 인식할 수 있음.
- 감정적으로 받아들이지 않고 잘못된 태도나 행동을 변화시킬 수 있음.

사례 올바른 Do-언어 전달법

"오늘 1시간 늦게 왔네. 전에도 그런 일이 종종 있었던 것 같은데."(○)

"자네 지각을 자주하는 것 같네."(○) 혹은 "너(오늘) 지각했구나."(○)

(← 자넨 왜 그렇게 게으른가?: Be-언어(×))

"지난번 빌려 간 책을 아직 안 가지고 왔지?"(○)

(← 자넨 도통 신용이 없구만: Be-언어(×))

3 X-Y-Z형식으로 대화하기

간혹 학생들에게 불만이 있거나 학생의 바람직하지 못한 행동에 대해서 교수로서 지적하거나 고쳤으면 하는 이야기를 해야 할 때가 있습니다. 이럴 땐, XYZ방식을 사용해 보시기 바랍니다.

1) 방법

'하면 될 거 아니에요.'(X라고 했을 때)라고 했을 때, "그 이야기를 들으니 난 네가 나에게 반항하는 것처럼(Y처럼 느끼다) 느껴졌어. 그러지 말고, 그럴 때는 '그럼, 그걸 할게요 혹은 하면 되지요?'(Z라고) 하고 말해 주면 참 좋겠구나."라고 말하는 방식입니다.

2) 효과

학생에게 비판받거나 일방적으로 혼난다는 느낌을 주지 않으면서도 바람직한 제안을 제안을 할 수 있습니다.

사례 | 올바른 X-Y-Z 대화 예시

교수: 오늘도 지각했구나. 무슨 일이 있었니?

학생: 다음엔 지각 안 하면 될 거 아니에요.

교수: 지영이가 약속에 계속 늦고도 전화 연락도 한 번 없으니(X) 난 좀 화가 나더구나(Y). 앞으로는 꼭 늦을 때 미리 전화나 문자로 연락을 해서 알려 주면(Z) 참 좋겠다.

학생: 그렇게 느끼셨다니 죄송해요. 다음부터는 그렇게 하도록 노력할게요. 교수님.

4 원무지계 전략

원무지계 전략은 학생들과 좀 더 효과적으로 대화를 나누기 위해서 사용할 수 있는 간단하면서도 활용하기 쉬운 대화전략 중 하나입니다. 원무지계 전략에서 원, 무, 지, 계는 각각 '원하는 것이 무엇인가?' '무엇을 해봤는가?' '지금부터 무엇을 해야 할까?' 마지막으로 '계획세우기'를 말합니다.

1) 방법

- 1단계: (원)원하는 것이 무엇인지를 생각해 보거나 적어 보기
- 2단계: (무)무엇을 해봤는지에 대해서 이야기해 보거나 적어서 분석하기
- 3단계: (지)지금부터 무엇을 해야 할지에 대해 생각해 보기
- 4단계: (계)계획을 세워 보기. 구체적으로 앞으로 실천할 수 있는 계획세우기

2) 효과

- 자신이 원하는 바에 대해서 구체적으로 생각하고 자신이 지금까지 한 바를 검토할 수 있는 기회를 제공
- 원하는 바를 위해서 지금부터 할 수 있는 것을 찾아보고 계획을 세움으로써 문제해결 방법에 순차적으로 접근하게 함.
- XYZ의 순차적 문제해결 방식을 학습함으로써 상담장면 밖에서도 혼자서 자신의 문제에 적용하고 스스로 해결책을 찾아 나가는 데 효과적임.

Tip 원무지계 대화전략 배워 보기

원! 원하는 것이 뭐니?
"넌 뭘 하고 싶은데?"
"어떻게 달라지면 좋을 것 같니?"

무! 무엇을 해 봤니?
"네가 원하는 걸 얻기 위해 어떻게 해 봤는데?"

지! 지금부터 무엇을 해야 할까?
"지금부터 무엇을 할 수 있을지 그 방법을 찾아보자."

계! 계획을 세워 보자.
"지금 할 수 있는 가능한 실천계획을 작은 것부터 차근차근 세워 보자."

※ 출처: **또래상담**(이상희 · 노성덕 · 이지은, 2004).

chapter 3

상담 유형별 진행방법

1_ 1:1 개인상담하기

2_ 소그룹으로 상담하기

3_ 이메일로 상담하기

1
1 : 1 개인상담하기

들어가기 전에

상담은 몇 가지 기준에 따라 다양한 형태로 구분해 볼 수 있습니다. 여기서는 면대면으로 이루어지는 1:1 개인상담, 몇 명의 학생과 함께하는 소그룹 상담, 온라인상에서 이루어지는 이메일 상담에 대해 살펴보도록 하겠습니다.

한 학생과 상담이 이루어지는 상황을 연상해 볼까요. 학생이 교수님과 상담하기 위해 연구실로 들어온 순간부터 상담을 마치고 연구실을 나갈 때까지, 구체적으로 어떻게 상담을 진행하는 것이 좋을지 그 절차와 방법에 대해 이야기하고자 합니다.

1. 맞이하기 ⇨ 2. 상담에 대해 안내하기 ⇨ 3. 학생의 이야기를 들으며 적절한 도움 주기 ⇨ (4. 목표행동 계획세우기) ⇨ 5. 마무리하기

1 맞이하기

상담 초반에 무엇보다 중요한 것은 상담을 받으러 온 학생과의 따뜻하고 신뢰할 수 있는 인간관계를 형성하는 것입니다. 학생 스스로 상담을 신청하였든 교수님의 호출로 상담이 이루어졌든 선생님과 마주 대한 학생은 불안한 감정을 느끼게 됩니다. 학생의 입장에서 보면 교수님은 다가가기 어렵고, 내가 잘 보이고 싶은 대상이기 때문입니다. 따라서 상담이 잘 진행되기 위해서는 이러한 긴장되고 불안한 마음을 풀어 주어 편안하게 해 주는 것이 중요합니다.

1) 웃는 얼굴로 학생을 반갑게 맞아 주자

너무 근엄한 교수님의 표정을 보면 학생들은 긴장을 합니다.

2) 학생의 긴장되고 불안한 마음을 읽어 주자

예외적인 학생도 있겠지만 연구실로 들어서는 학생은 어느 정도 긴장이 되어 있습니다. 이 상황에서 대답하기 어려운 막연한 질문을 하게 되면 솔직한 마음속의 이야기를 하기보다는 형식적인 대화로 이어지기 쉽습니다. 따라서 먼저 학생의 마음을 읽어 주는 것으로 대화를 시작하는 것이 보다 깊은 대화를 이끌어 내는 데 도움이 됩니다.

사례 **학생이 수업시간에 집중을 잘 못하는 것 같아 보여서 학생을 호출한 경우**

교수: (반갑게 웃는 얼굴로) ○○, 어서 와요(① 밝은 표정으로 인사). …… (학생에게 자리를 안내하며) 이리 앉아요. 내가 ○○와 이야기를 좀 하고 싶어서 이렇게 불렀는데, 무슨 일인가 궁금할 것 같네. 또 처음이라 좀 어색하고 불편할 것도 같고(② 마음 읽어 주기) …….

2 상담에 대해 안내하기

어떤 일이든 두 사람이 함께하는 일이 성공적인 결과를 내기 위해서는 그 두 사람이 함께하는 일에 대해 일치된 마음을 갖는 것이 필요합니다. 상담도 마찬가지입니다. 상담이 순조롭게 진행되기 위해서는 학생들에게 '(지도)교수와의 상담을 왜 하는지(만나는 이유), 여기서 어떤 문제로 상담을 받을 수 있는지, 시간은 어느 정도 소요되는지' 등에 대해 안내해 줄 필요가 있습니다. 전문상담에서는 이를 상담구조화(structuring)라고 하는데, 일종의 상담에 대한 오리엔테이션으로 상담자(교수)와 내담자(학생)의 역할, 상담시간, 상담진행과정 등에 대해 설명을 해 주는 것입니다.

사례 **학생이 수업시간에 집중을 잘 못하는 것 같아 보여서 학생을 호출한 경우**

교수: 내가 ○○를 만나자고 한 것은 요즘 ○○가 학교생활을 하는 데 어려움이 있는 것 같아서야. 내가 잘못 본 것일 수도 있겠지만 수업시간에 집중을 잘 못하는 것 같았거든. 혹시 (지도)교수인 내가 도와줄 수 있는 부분이 있으면 힘이 되고 싶어서 만나자고 했어(만나자고 한 이유를 설명). 나는 15분 정도 시간을 낼 수 있는데, ○○는 어떤가?(시간 확인) 그러면 오늘은 15분 정도 이야기를 나누고, 필요하면 시간을 정해서 다음에 또 만나도록 하자구.

3 학생의 이야기를 들으며 적절한 도움 주기

학생에게 도움받고 싶은 문제가 무엇인지 물어보고, 본격적으로 이에 대한 상담이 이루어지는 단계입니다. "학교생활에서 어려운 점이 있으면 무엇이든 이야기해 봐요."라는 식의 말로 편안하게 하고 싶은 이야기를 할 수 있도록 합니다.

학생이 이야기를 시작하면 적절히 시선을 마주치며 고개를 끄덕여 준다거나 "음, 아"와 같은 간단한 음성적인 반응을 해 줌으로써 잘 듣고 있음을 표현해 줍니다. 물론 필요에 따라 질문도 하면서 대화를 진행해 나갑니다(⇨ 적절한 대화기법에 대한 것은 p. 25 '제2장 효과적인 대화기법'을 참조하십시오.).

그런데 여기서 한 가지 짚고 넘어갈 것이 있습니다. 일반적으로 상담을 조언

주기와 같은 것으로 생각한다는 점입니다. 즉, 학생이 무엇인가 도움을 청하면 그에 대하여 좋은 답(조언)을 해 주어야 하는 것으로 생각한다는 것입니다. 조언을 주는 것은 상담의 다양한 기법 중 하나일 뿐 '상담=조언 주기'는 아닙니다.

아무리 지혜로운 사람이라 해도 다른 사람이 내놓는 모든 문제에 대하여 명쾌한 답을 제시하기는 어려울 것입니다. 교수님들도 학생이 이야기하는 문제에 대해 답을 해 주어야 한다는 부담에서 벗어나, 단지 내 앞에 있는 학생의 마음을 이해해 보자는 편안한 마음으로 상담에 임할 필요가 있습니다. 교수가 학생과의 상담이 재미있고 편안해야 학생도 재미있고 편안한 시간이 될 것입니다. 그리고 만약 학생이 어떤 일에 대하여 조언을 구한다면 다음의 절차에 따라 조언을 주는 것이 효과적입니다. 누군가 조언을 구하는 경우, 그동안 어떤 노력이나 생각을 해 보았는지를 물어보지 않고, 곧바로 본인의 생각을 말해 준다면, '저도 그런 생각을 해 보았는데요?' '저도 그렇게 해 보았는데 잘 안 되더라구요.'와 같은 부정적인 반응이 나올 가능성이 있기 때문입니다.

Tip 효과적인 조언 주기의 절차

① 학생이 조언받기를 바라는 문제와 관련하여 그동안 어떤 노력을 해 보았는지, 또는 그와 관련하여 어떤 생각을 해 보았는지 물어보고, 그 노력과 생각에 대해 칭찬과 격려를 해 준다.
② (조언을 구한다는 것은 자신의 노력이나 생각이 그다지 효과적이지 않았다는 것을 뜻하므로) 그러한 노력이 어떤 점에서 효과적이지 않았는지 함께 살펴본다.
③ 간단히 조언한다.
④ 조언을 듣고 난 후 학생의 생각이나 느낌을 물어본다.
⑤ (필요하다면) 조언과 관련하여 어떤 것을 실천에 옮겨 볼 것인지 실행 계획을 세워 보고, 그 결과에 대해 알려 달라고 이야기한다.

사례 효과적인 조언 주기

학생: 교수님, 공부를 잘할 수 있는 방법 좀 알려 주세요. 저는 한다고 하는데, 막상 시험지를 받으면 생각이 잘 나지를 않아요.

교수: 나름대로 열심히 했는데, 기대만큼 시험을 잘 보지 못해서 답답하겠구나. 그런데 그동안 어떤 방식으로 공부했니? (① 그동안의 노력에 대해 질문)

학생: 그냥 남들 하는 것처럼 수업시간에 필기한 것도 보고, 교재도 보고…….

교수: 그래. 그런데 다른 학생들이 하는 것처럼 공부했는데, 시험지를 받으면 생각이 잘 나지 않는다고 했잖아. 혹시 ○○ 나름대로 더 노력해 본 것이 있나? 실제로 해 본 것도 좋고, 이렇게 하면 좋겠다 생각만 해 본 것도 좋고. (① 그동안의 노력에 대해 질문)

학생: 사실, 그렇게 특별히 다른 방법으로 노력해 본 것은 없어요.

교수: 그럼, ○○ 생각에 그동안 공부했던 방식에서 '이런 것이 문제다.' '이런 것을 고치면 될 것 같다.'와 같은 생각이 드는 것이 있나? (② 효과적이지 않았던 이유 찾아보기)

학생: 글쎄요, 제 생각에 너무 한꺼번에 몰아서 공부하는 것이 문제 같기도 해요. 한꺼번에 몰아서 하니까 헷갈리고, 집중력도 떨어지는 것 같거든요. (많은 경우, 학생은 스스로의 문제를 잘 알고 있답니다.)

교수: 그래. 내 생각도 비슷한데, 이번에는 다른 때보다 일주일 정도 미리 시험공부를 시작해 보는 것이 좋을 것 같아. (③ 간단히 조언하기)
○○ 생각은 어떤가? (④ 상대방의 생각 · 느낌 묻기)

학생: 예. 저도 그렇게 해 볼 생각이에요.

교수: 그럼, 한 번 해 보고, 나에게 그 결과를 알려 줘요. (⑤ 실행결과에 대해 알려 달라고 하기)

4 목표행동 계획세우기

필요하다면, 학생과의 이야기 속에서 뭔가 작은 것이라도 실천해 볼만한 것을 함께 찾아 계획을 세워 보도록 합니다. 계획세우기에 대해 이야기할 때는 일주일 내(2주일 내, 한 달 이내 등)로 실천할 수 있는 작은 것을 찾아보고, 그것을 실천할 수 있도록 구체화하는 것이 좋으며, 예상되는 어려움에 대해서도 미리 이야기를 나눠 보는 것이 필요합니다.

5 마무리하기

일반적으로 학생과의 상담은 10~30분 정도 진행되는 경우가 많습니다. 아무리 짧은 시간 동안 이루어졌던 상담이라도 상담에 대한 느낌과 생각을 나누고 다음 상담에 대해 안내하며 마무리하는 것이 좋습니다. 다음에 또 만날 수 있음을 알리고, 다시 만나기를 원하는 경우에는 정확한 시간과 장소를 확인한 후, 만약 못 오는 경우에는 미리 알릴 수 있는 방법도 알려 줍니다. 상담이 지속되지 않고 그 회기로 종결되는 경우에도 필요하면 언제든지 올 수 있음을 전달하고 인사하며 마칩니다.

사례 **마무리하기**

교수: 이제 마칠 시간이 되었네. 짧은 시간이었지만 나와 이야기 나누면서 어땠는지?

학생: 처음에는 좀 어색하고 그랬는데, 제 문제가 무엇인지 알게 되었고, 그리고 이제 어떻게 노력하면 좋을지 조금은 감을 잡은 것 같습니다.

교수: 그래, 도움이 된 것 같아 나도 기쁘네. 도움 청할 일이 있으면 미리 연락해서 시간을 정하고 또 만나자구. (밝은 표정으로 웃으며) 잘 가요.

2
소그룹으로 상담하기

교수 혼자서 많은 지도학생들을 매번 일대일로 상담하는 것은 시간적으로 어려울 뿐 아니라, 반드시 효과적인 것도 아닙니다. 여기서는 소그룹 형태로 진행하면서 상담효과도 높일 수 있는 몇 가지 방법을 소개합니다. 학과 단위의 MT나 오리엔테이션 혹은 연구실의 기타 행사 등에서도 보다 자연스럽고 편안하게 활용할 수 있을 것입니다.

1 처음 모임에서 서로 소개하는 방법 (Ice-Breaking 활동)

서로 잘 모르는 학생들이 처음 모였거나 집단상담이 처음 시작될 때 교수가 학생들 간의 서먹한 느낌을 없애고, 학생들의 긴장을 푸는 데 활용하면 좋습니다. 처음 만난 학생들 간에도 보다 편안하고 재미있게 서로를 알아 갈 수 있습니다.

1) 짝지어 소개하기

두 사람이 짝을 짓습니다. 먼저, 파트너끼리 인사를 한 뒤 서로에 대해 어느 정도 알게 되면 집단에 서로의 파트너를 소개하는 방법으로, 이때 교수가 서로 질문할 내용이나 화제(가족관계, 취미, 성격 등)를 미리 정해 주는 것도 좋습니다.

2) 1분 자서전

학생들을 4인 1조로 나누고 나서 각 집단원에게 1분의 시간 동안 자신에 대해 말하도록 합니다. 이때 역시 주제나 화제를 미리 정해 주어도 좋습니다.

3) 알고 있는 것과 알고 싶은 것

'내가 알고 있는 것'과 '내가 알고 싶은 것'(소그룹 상담의 목적이나 내용에 대해서)이라는 제목이 붙은 종이나 포스터를 벽에 붙여 둡니다. 학생들은 말없이 방 안을 돌면서 종이에 자신의 관심사를 적습니다. 적은 내용에 대해서 의견을 서로 나누며 자연스럽게 대화를 이끌어 갑니다.

2 서로를 더 잘 이해하기 위한 활동(친밀감 형성 활동)

다음은 학생들 간에 이미 서로 알고 있지만, 소그룹 상담을 통해서 조금 더 서로를 이해하고 친밀감을 형성하는 데 도움이 되는 활동입니다.

1) 더 깊이 이해하기

우선 학생들을 4인 1조로 구성하고, 5분의 시간을 줍니다. 첫 3분은 '자신이 어떻게 현재 여기까지 오게 되었는지'에 대해 이야기하도록 합니다. 1분은 자신이 가장 행복했던 순간에 대해 묘사하도록 하고, 마지막 1분은 다른 친구들에게 질문을 받고 답하는 데 사용합니다. 물론, 이때 지도교수(지도자) 역시 학생들과의 유대를 증진시키기 위해서 함께 참여하면서 시범을 보일 수도 있습니다.

2) 멀고도 험한 행로

출생부터 지금까지 각 연령대마다 힘들었고 행복했던 정도에 따라 −10점에서 10점으로 평가해 보게 합니다. 이를 그래프로 나타내 보고 돌아가면서 이에 대한 설명을 합니다. 집단원들은 힘들었거나 슬픈 일에 대해서는 위로와 격려를 해 주고, 즐겁고 행복했던 기억에 대해서는 함께 기쁨을 나누는 시간을 갖습니다. 단, 다른 학생들 앞에서 내놓기 어려운 정도의 아픈 기억이나 상처에 대해서는 굳이 밝히지 않아도 좋다는 것을 먼저 말해 줌으로써 부담을 주지 않는 것이 좋습니다.

3 학생들의 자기이해를 돕기 위한 활동

학생들이 서로 간의 피드백을 통해서 자신의 강점, 가치관을 이해하고 자신을 좀 더 객관적으로 받아들이는 데 도움이 되는 활동들을 몇 가지 소개합니다.

1) 장점 카드 선물받기

각 학생을 위한 카드를 미리 준비합니다. 즉, 학생이 5명이라면 1명당 4(학생 수−1)장씩 가질 수 있도록 20장을 준비하고, 5명에게 4장씩 나누어 줍니다. 그리고 상담에 참석한 친구들의 이름을 각 카드에 적도록 한 후, 이름이 적힌 각 카드에 그 친구의 장점을 한 가지 혹은 두 가지씩 적도록 합니다. 다 적은 후 장점이 적힌 카드는 본인에게 돌려 주어 본인이 받은 피드백을 먼저 볼 수 있도록 하고, 친구들에게 자신이 느낀 점을 발표합니다.

2) 내가 보는 나와 남이 보는 나

이 활동은 자신에 대해 자신은 알지 못하지만 남들은 모두 알고 있는 특성이나 그 차이를 이해하여 보다 폭넓은 자기이해를 돕는 활동입니다. 학생들에게 우선 이 활동의 의도와 방법을 간단히 설명해 줍니다. 그러고 나서 각 학생들에게 활동지(부록 4)에 이름을 적은 다음, 자기 분석 척도를 작성(V표시)하고 활동지를 짝에게 전달합니다. 짝은 자신이 본 것을 토대로 활동지를 작성(X표시)하여 본인에게 돌려 줍니다. 두 사람이 체크한 사항을 비교해 보면서 같은 점과 다른 점에 대해서 내용과 이유를 중심으로 서로 의견을 나누도록 합니다. 활동을 통해 느낀 점을 전체 참여자들 앞에서 발표하고 서로 피드백하면서 마무리하면 좋습니다.

4 공감대 형성을 위한 소그룹 활동

학생들을 상담하다 보면 서로 비슷한 시기에 비슷한 주제로 고민하고 있거나 공통의 관심사를 갖고 있는 경우가 많습니다. 소그룹 상담에서는 학생 각자에게 고민이나 걱정거리들을 미리 적어 오게 하고 상담을 진행하면 학생들 간에 공감대를 형성하면서 시간적으로는 효율적으로 상담을 이끌어 갈 수 있습니다.

① 그룹 상담 전에 학생들에게 자신이 상담받고 싶거나 현재 고민하고 있는 주제를 간단히 쪽지에 적어 오도록 합니다.

② 쪽지를 바구니나 상자 안에 넣고 학생들이 돌아가면서 접혀 있는 쪽지를 하나씩 꺼내어 소개합니다.

③ 읽은 쪽지내용에 대해서 본인도 유사한 경험이 있지는 않은지, 어떻게 생각하는지에 대해서 의견을 나눕니다. 물론 필요시 그 내용을 적은 사람이 자신의 원래 생각이나 상황을 좀 더 구체적으로 소개할 수 있습니다.

④ 다른 사람들은 어떻게 느끼는지 이야기를 나누면서 같은 고민을 갖고 있다면 많은 공감대를 형성해 나가면서 대화가 진행될 수 있을 것이며, 학생들은 간접적으로라도 친구들이 겪고 있는 어려움이나 고민을 이해하고 서로 위로나 해결방안을 모색하는 가운데 긍정적 경험을 할 수 있습니다.

⑤ 교수의 역할은 무엇보다 그룹의 분위기가 긍정적이 될 수 있도록 잘 조정해야 합니다. 서로 비난하거나 상처를 줄 수 있는 내용은 삼가도록 처음에 약속을 하고 시작하는 게 필요합니다.

3

이메일로 상담하기

컴퓨터 사용이 보편화되면서 전자우편으로 의견을 교환하는 경우가 많아졌으며 학생들이 교수님께 이메일을 통해 상담을 요청하는 경우가 늘고 있습니다.[1] 사이버 상담은 구체적인 방식에 따라 다시 이메일 상담, 게시판상담, 데이터베이스를 통한 상담 등으로 구분할 수 있으며 여기서는 이메일 상담방법에 대해 간략하게 소개하도록 하겠습니다.

준비단계 ⇨ 쓰기단계 ⇨ 마무리단계

1) 온라인을 활용한 상담의 형태를 사이버 상담이라 부른다. 참고로 '사이버(cyber)'란 인공두뇌라는 뜻을 가진 접두어이며 '사이버 상담(cyber counseling)'이란 가상공간에서 컴퓨터를 사용하여 실시하는 상담활동을 가리킨다(임은미, 2006).

1 준비단계

이메일 상담의 준비단계는 세 가지로 구분하여 이야기할 수 있는데, 첫째는 상담을 요구한 학생의 입장에서 보내온 글을 읽어 보는 것이고, 둘째는 도움받기 원하는 내용의 요지를 정리해 보는 것, 셋째는 어떤 내용을 쓸 것인지 브레인스토밍해 보는 것입니다.

- 상담을 의뢰한 학생의 입장에서 보내온 글 읽어 보기
- 도움받고자 하는 내용의 요지 정리해 보기
- 쓸 내용에 대한 브레인스토밍

2 쓰기단계

본격적으로 이메일을 쓰는 단계입니다. 이메일의 내용을 어떻게 쓰는가 하는 것은 개인의 취향에 따라 달라질 수 있으나 일반적으로 다음의 내용으로 구성하여 쓰는 것이, 거두절미하고 본론만 간단히 쓰는 것보다는 성의 있는 답변을 받았다고 느낄 가능성이 클 것입니다.

- 인사와 학생에 대한 격려, 공감
- 도움을 청한 내용에 대한 답변(필요시 전문상담기관에 대한 안내)
- 희망주기와 인사

③ 마무리단계

작성한 글을 상대방의 입장에서 다시 읽어 보며 표현이 어색하거나 뜻이 애매한 부분을 고치는 과정입니다.

- 상대방의 입장에서 다시 읽어 보며 글 다듬기

언뜻 보면, 앞서 제시한 과정이 복잡해 보여서 '이렇게 하다가 언제 한 학생, 한 학생을 다 상담해 주나…….' 하는 마음이 들 수도 있을 것입니다. 그러나 사실 단계를 나누어 복잡해 보일 뿐, 우리는 이미 이와 같은 절차로(준비 → 쓰기 → 마무리) 메일을 쓰는 경우가 많습니다. 보내온 글을 읽으면서 이런 내용이구나 하고 요지를 파악하고, 잠시 동안 어떻게 쓸까를 생각한 다음(준비단계) 글을 씁니다. 글을 쓰는 것은 개인의 스타일에 따라 다르겠지만 대체로 첫인사와 끝인사를 하고 중간에 본론을 씁니다. 이메일 상담에서는 여기에 격려나 공감의 내용을 포함하자는 것이고, 도움을 받을 수 있는 다른 곳이 있다면 안내해 주자는 것입니다(쓰기단계). 그리고 마지막으로 전체 글을 읽으면서 오자, 탈자를 수정하고 글을 보다 매끄럽게 다듬습니다(마무리단계).

chapter 4

문제영역별 상담전략

1_ 학업문제 상담
2_ 진로문제 상담
3_ 기타문제 상담

1
학업문제 상담

1. 수강과목 공부에 대한 어려움, 공부 방법 등을 문의하는 경우
2. 공부에 대한 집중, 암기의 어려움을 호소하는 경우
3. 학사경고를 받은 학생과의 상담

대학생들이 교수님께 도움을 청하는 학업문제에는 어떤 것들이 있을까? 먼저, 각 교수님이 담당하는 과목을 어떻게 공부하면 좋을지, 성적을 올리기 위해서는 어떻게 해야 할지를 물어 오는 경우를 떠올릴 수 있습니다. 이에 대해서는 각 분야의 전문가인 교수님들이 그리 어렵지 않게 방법들을 이야기해 줄 수 있을 것입니다. 그런데 이왕이면 비슷한 시간을 들여 비슷한 내용의 이야기를 하더라도 학생에게 도움이 되는 방식으로 대화를 나누는 것이 좋습니다. 다음의 두 가지 사례(Bad sample & Good sample)를 살펴보기로 합니다.

1 수강과목 공부에 대한 어려움, 공부방법 등을 문의하는 경우

일방적으로 조언을 하거나 설명을 하지 말고, 탐색적 질문을 통해 학생이 무엇을 어려워하는지 구체화한 다음, 그에 대해 간단히 이야기해 주는 방식으로 대화를 해 봅시다.

사례 1 **학생의 질문에 대해 일방적인 조언, 설명을 하는 경우**(Bad Scmple)

학생 1: 교수님, 시간 괜찮으세요?

교수 1: 그래, 다른 일을 하고 있던 중인데, 10분 정도는 괜찮아. 무슨 일이니?

학생 2: 다름 아니라, 제가 이번에 교수님이 강의하시는 □□과목을 듣고 있는데요, 이해를 잘 못하겠고, 어떻게 공부해야 할지도 모르겠어요.

교수 2: 본래 이 과목은 어려운 과목이야. 선배들도 다 어려워했어. 공부를 잘하는 어떤 특별한 방법은 없단다. 그냥 예습, 복습이 제일이지. 수업 오기 전에 미리 읽어 보고, 내가 모르는 부분이 무엇인지 체크했다가 수업시간에 물어보고, 그 시간에 확실히 이해하도록 하는 게 중요해. 이해가 안 되면 다시 읽어 보고, 꾸준히 하는 것이 중요해. 알았지?

학생 3: 네.

교수 3: 또 뭐 궁금한 것이 있니?

학생 4: 아니요. 그냥 좀 더 열심히 해 보겠습니다. 안녕히 계세요.

chapter 4 | 문제영역별 상담전략

어떤가요? 학생이 과연 어떤 도움을 받고 돌아갔을까요? 교수님의 말씀을 듣고, '대학에서도 역시 예습, 복습이 중요하구나.' 하는 사항을 확인하고 다짐하는 시간이 되었을 수는 있을 것입니다. 그러나 뭔가 정말 필요한 도움은 받지 못하고 돌아갔을 것 같은 아쉬움이 남습니다.

비슷한 상황에서, 학생의 질문에 대해 반영과 탐색적 질문을 하며 대화를 나누는 다음의 사례를 보실까요?

사례 2 **학생의 질문에 대해 반영, 탐색적 질문을 하면서 대화를 하는 경우(Good Sample)**

학생 1: 교수님, 시간 괜찮으세요?

교수 1: 그래, 다른 일을 하고 있던 중인데, 10분 정도는 괜찮아. 무슨 일이니?

학생 2: 다름 아니라, 제가 이번에 교수님이 강의하시는 □□과목을 듣고 있는데요, 이해를 잘 못하겠고, 어떻게 공부해야 할지도 모르겠어요.

교수 2: 어떤 부분이 어려운데?(탐색적 질문: 사실적 정보를 얻기 위한 것이 아니라, 어떤 상황에 대해 더 깊이 구체적으로 알아보기 위해 던지는 질문)

학생 3: 제가 기초가 없는 것 같아요. 사실 고등학교 때에 열심히 안 했는데 대학에 오니까 그런 것들이 쌓여서 힘든 것 같아요.

교수 3: 그렇구나. ○○는 지금 네가 공부에 어려움을 겪는 것이 고등학교 때 닦아 놓았어야 할 기초가 없기 때문이라는 생각을 하는 것 같구나(반영: 상대방의 말을 거울로 비추듯, 비슷한 내용으로 되받아 해 주는 말).

학생 4: 네. 그래서 답답하고, 과연 내가 해낼 수 있을까 걱정도 되구요. 공부라는 것이 단시일에 되는 것이 아니잖아요.

교수 4: ○○ 말대로 공부가 단시일에 되는 것은 아니지만 꾸준히 하다 보면 한 만큼 성과도 있는 것이지. 이 과목을 어떻게 공부하고 있지?(구체적으로 공부는 하고 있는지, 하고 있다면 어떻게 하고 있는지를 알아보기 위한 탐색적 질문)

학생 5: 사실 그렇게 열심히 한 것은 아닌 것 같아요. 솔직히 말씀드리면 지난번 중간고사를 잘 못 본 것 같아서요. 고등학교 때보다는 나름대로 열심히 한다고 했는데, 잘 모르겠더라구요.

교수 5: 시험지를 보니까……. (이때 중간고사 시험지에서 틀린 문제가 무엇인지 본 후, 그 부분을 어떤 식으로 공부해야 할지 조언을 해 줄 수 있다. 학생의 취약점을 보다 분명히 알았으니, 보다 자세한 이야기를 해 줄 수 있는 가능성이 높은 것이다. 만약 채점하기 전에 학생이 찾아온 경우라면, 다음의 약속시간을 정하고 오늘은 보낸 뒤, 채점을 하면서 학생의 부족한 부분이 무엇인지 파악한 뒤 다시 만날 수도 있다.).

학생 6: 예. 교수님, 정말 많은 도움이 되었습니다. 귀한 시간 내서 자세하게 말씀해 주셔서 감사드립니다. 안녕히 계세요.

앞의 사례와 비교해 보았을 때 어떤 차이가 느껴지시나요? 시간상으로 보면, 약 5분 정도 더 소요되었을지 모르겠습니다. 사례 1의 경우에는 교수2의 반응에서 바로 교수가 생각하는 공부방법에 대해 일방적으로 이야기를 하였다면, 사례 2의 경우에는 교수2, 3, 4의 반응을 통해 학생의 상황을 보다 구체화시킨 다음, 교수5에서 보다 구체적으로 설명하고 있습니다. 즉, 두 경우 모두 학업에 대한 조언을 하고 있지만, 사례 1에 비해 사례 2에서 학생이 궁금해하는 학업문제에 대해 구체적으로 이야기를 나누고 있습니다.

어디서 이런 차이가 벌어진 것일까요? 짐작할 수 있듯이 교수반응 2(탐색적 질문), 3(반영), 4(탐색적 질문)입니다. (⇨ 이러한 대화기법에 대해 보다 자세하게 살펴보길 원하는 분은 p. 25 '제2장 효과적인 대화기법'을 보세요.)

2 공부에 대한 집중, 암기의 어려움을 호소하는 경우

사례 **교수가 학생을 호출하여 상담이 이루어진 경우(Good Sample)**

학생: 안녕하세요? 교수님.

교수: 그래, 어서 와요. (자리를 권하며) 이리 앉아요. (맞이하기)

학생: 교수님 연구실에 처음 들어와 보는 것 같아요.

교수: 그렇구나. 이렇게 연구실에 와 보니 어떠니? (불안한 마음을 가라앉히고 평안하게 하기 위한 질문)

학생: 그냥 텔레비전 같은 데서 보았던 것처럼 책도 많고…… 그러네요.

교수: 그래. 지난번에 안내를 했듯이 학기마다 1～2번 정도 지도교수인 나와 학생들이 개인적으로 만나는 시간을 갖고 있거든. 오늘은 ○○와 만나게 되었는데, 무엇이든 ○○가 이야기하고 싶은 것 있으면 해 봐라(상담 안내).

학생: 요즘 고민이요, 대학 와서 공부를 좀 더 열심히 해 보고 싶은데, 마음처럼 안 돼요.

교수: 대학에 왔으니 열심히 하고 싶기는 한데, 잘 안 된다고?(재진술: 상대방이 한 말을 그대로 다시 한 번 반복해 주는 말)

학생: 네. 제가 머리가 나쁜가 봐요. 외워도 금방 잊어버리고, 집중도 잘 안 되구요. 하다 보면, 금방 딴 생각하고 있고…….

교수: 그렇구나. 우리가 좀 더 구체적으로 이야기를 나누기 위해서는 보다 구체적인 경우를 들어 이야기 나눠 보면 좋을 것 같은데, 최근에 그랬던 적이 있니?(구체화하기 위한 질문)

학생: 네. 요즘 자격시험 공부를 하고 있는데, 외우면 자꾸 잊어버리고, '난 안 된다.' 그런 생각이 자꾸 들고, 답답해 죽겠어요.

교수: 열심히 외웠는데 자꾸 잊어버리니까 속상하고 공부할 마음도 떨어지고 그렇겠구나(반영).

학생: 네. 저는 해도 안 될 것 같은 마음이 들어서 힘들어요.
교수: 대학에 들어왔다는 것은 ○○가 공부할 수 있는 기본적인 능력은 갖추고 있다는 거야. 나머지는 노력에 달린 거지(증거를 들어 용기 주기). 낙심하지 말고, 한 번 짚어보자. 우선, ○○가 자격시험 공부를 하고 있다고 했는데, 무슨 시험이지?
학생: □□시험이에요.

학생이 준비하고 있는 시험에 대해 지도교수가 잘 알고 있는 경우라면, 시험공부하는 방법에 대해 보다 구체적인 조언을 해 줄 수 있을 것입니다. 다만, 학생이 암기해도 자꾸 잊어버린다고 호소할 경우, 다음의 사항을 점검해 보세요.

체크해 볼 사항

✔ 암기할 때 암기해야 할 사항들을 무조건 반복 암기하는 것은 아닌가?

- 내용을 이해하지 못하고 단순하게 반복적으로 암기하는 것은 오래가지 못합니다. 효과적으로 암기하기 위해서는 먼저 내용을 이해하고 그 내용을 서로 연결 지으면서 반복해야 합니다. 핵심은 연결 짓기와 반복입니다. 새롭게 암기할 내용을 이전에 내가 알고 있던 것과 연결하거나 전체적인 맥락과 관련하여 연결하지 않는 경우에는 쉽게 잊어버리게 됩니다. 도한 연결 지어 암기하였더라도 그것을 여러 차례 반복하지 않으면 또 쉽게 잊어버립니다. 공책에 몇 번 써 보고 입으로 중얼거리면서 되내는 과정을 반복하는 것이 중요합니다.

- 몇 가지 암기요령[1]
  – 앞의 첫 글자만 암기하는 방법
  – 익숙한 것(아라비아 숫자, 알파벳, 무지개색 등)과 짝지어 암기하는 방법
  – 익숙한 장소와 연결 지어 암기하는 방법 등

✔ 공부에 집중하는 것을 어렵게 만드는 고민이 있지 않은가?

- 우리의 마음을 사로잡는 문제가 있을 때 공부에 집중하기가 어렵고, 그로 인해 암기했다고 하지만 잘 생각나지 않는 경우가 있습니다. "공부할 때 자꾸 떠오르는 다른 생각이 있니?"와 같은 질문을 던져 봄으로써 학생의 고민이 무엇인지 알아볼 수 있습니다. 고민의 내용을 들어보고 지도교수 입장에서 도움을 줄 수 있는 문제라면 도움을 줄 수 있겠지만, 보다 복잡한 심리적인 문제를 안고 있을 경우에는 학교 내·외 상담기관과 연결시켜 줄 수도 있습니다.

✔ 맑은 정신으로 하지 않고, 비몽사몽하는 것은 아닌가?

- 어떤 학생들은 잠에 취해 비몽사몽 공부하고 나서도 그것이 잘 기억되기를 바라는 마음을 가집니다. 그러나 그것은 바람일 뿐입니다. "자격증 시험 공부를 주로 언제 하니?" "요즘 몸이 아픈 데는 없니?" 등 학생이 주로 공부하는 시간대나 최근 건강상태 등을 질문하여 이러한 요인이 효과적인 공부를 방해하는 것은 아닌지 살펴봅니다.

---

1) 암기와 관련된 보다 자세한 내용은 '기억력'으로 검색되는 다양한 관련 도서를 참고하시기 바랍니다.

Tip 효과적인 학습전략 SQ 3R

학습방법에 대한 광범위한 연구결과, 가장 효과적이라고 알려진 학습절차는 다음과 같은 것으로 나타났다. 즉, 공부를 하되 무조건 읽고 외우는 것이 아니라 다음과 같은 5단계의 순서를 따라 하는 것이다. 이 방법을 SQ 3R이라고 하는데, 그 단계는 다음과 같다.

- 1단계: 개관(Survey)

학습할 내용을 자세히 읽어 나가기 전에 우선 전반적인 줄거리를 대략적으로 훑어 보는 것을 말한다. 비유하자면, 모르는 곳으로 여행을 가거나 등산을 갈 경우, 출발하기에 앞서 지도를 펴 놓고 코스를 살펴보는 것과 같은 일이다. 책을 상세히 읽기 전에 미리 대략적인 개관을 해 두면, 앞으로 그 책을 읽을 때 그 내용을 이해하기가 훨씬 쉬워진다.

- 2단계: 질문해 보기(Question)

책 내용에 대해 궁금증을 갖고 스스로 질문을 던져 보는 것이다. 책을 개관하며 자연스럽게 의문이 드는 부분이 있다면 책 옆의 여백이나 별도의 공책을 준비하여 질문을 적으면서 읽는 것이 좋다. 어떤 경우는 책 자체에 질문이 적혀 있는 경우도 있다. 각 단원의 첫 부분이나 끝 부분에 있을 수 있는데, 이것은 학생이 이 단원을 공부할 때 꼭 알아야 할 중요한 사항으로 학습목표가 되기도 하므로 미리 질문을 읽어 보는 것이 유익하다.

- 3단계: 읽기(Read)

많은 학생들이 공부한다고 하면 처음부터 책을 들고 읽어 나가려고 한다. 책의 내용을 차근히 읽어 가는 것은 공부하는 단계에서 세 번째 단계다. 읽기란 앞 단계의 질문해 보기를 통해 품은 궁금증을 해결하기 위한 과정으로 그냥 소설 읽듯이 읽는 것이 아니라 답을 찾는 자세로 정신을 집중하여 읽어야 한다. 본문만 읽지 말고, 표, 그래프, 그림들도 빼놓지 말고 보아야 한다.

- 4단계: 암기(Recite)

학생들 중에는 공부하면서 읽어 두었거나 암기한 것이 앞으로도 모두 기억될 것이라 생각하는 학생들이 있다. 그러나 사실은 그렇지 못하다. 실험에 의하면, 새로운 어떤 글을 읽은 직후에도 사람들은 그 글의 겨우 50%밖에 기억하지 못하였고, 하루가 지난 후에는 25~30%밖에 기억하지 못하는 것으로 나타났다. 그리고 2주일이 지난 후에는 10%밖에 기억하지 못했다. 그런데 재미있는 사실은 새로운 내용을 공부한 뒤 즉시 암기를 한 경우, 시간의 경과에 따른 망각률이 낮다는 것이다. 한 실험에 의하면, 공부가 끝난 직후 소리내어 두 번을 암기한 집단은 2주일 후에도 그 내용의 80%를 기억하고 있었으나 직후에 암기를 하지 않은 집단은 15% 정도밖에 기억하지 못했다. 이는 즉각적인 암기가 학습에 얼마나 중요한지를 보여 준다.

• 5단계: 재검토(Review)

책을 덮기 전에 오늘 공부한 부분을 빠른 속도로 다시 한 번 훑어 보는 것이다. 방금 공부한 단원의 요약과 정리를 다시 한 번 읽고, 밑줄 쳐 둔 중요한 단어들을 점검하며, 핵심적인 질문사항들에 대해 답해 보는 것이다. 이렇게 하다 보면 어느 새 잊은 것이 발견되고 제대로 이해하고 있지 못한 부분도 알게 된다. 그러면 다시 해당 부분을 읽어 보고, 잊은 것은 암기를 해야 한다. 재검토는 시험 보기 전까지 서너 번 정도 하는 것이 바람직하다. 첫 번째 재검토는 공부를 끝낸 직후에 하고, 마지막 재검토는 시험 보기 전날쯤 하여 기억을 되살린다. (*시험 보기 전날 기억을 되살리는 과정은 시험 공부에서 매우 중요하다. 이전에 공부해 두었으니 기억나겠지 하고 그냥 시험을 보러 가면 생각만큼 기억이 나지 않아 당황할 수 있다). 첫 번째와 마지막 재검토 중간에 한두 번 정도 더 재검토하면 좋다.

출처: 김형태 · 오익수 · 김원중 · 김동일(1996).

3 학사경고를 받은 학생과의 상담

학사경고는 당사자인 학생 개인에게 학업에 대한 실패감으로 인한 우울, 불안 등의 심리적인 문제뿐 아니라 진로발달의 측면에서도 문제가 될 수 있습니다. 따라서 지도학생 가운데 학사경고를 받은 학생이 있다면, 이는 그냥 개인이 해결할 문제로 맡겨 두기보다는 한 번쯤 불러 그 원인이 무엇인지 살펴보고, 지도교수가 줄 수 있는 선에서 도움을 주는 것이 필요할 것입니다. 다음에서는 학사경고를 받는 주요 이유들과 이때 짚어 주어야 할 사항들에 대해 알아보도록 하겠습니다.

학사경고를 받는 주요 이유별 상담전략

✔ 수업 출석을 제대로 하지 않아 F를 받은 경우

대학에 오면 가정을 떠나 기숙사 생활이나 혼자 자취를 하는 경우가 많습니다. 잠자고 일어나는 시간이 불규칙한 경우, 오전 수업에 늦잠을 자서 지각이 잦거나 결석을 하게 되는 경우를 보게 됩니다. 이런 학생의 경우, 가능한 오후 시간대의 수업을 듣거나 알람을 여러 개 울리도록 하는 방법, 친한 친구와 함께 수업을 듣고 그 친구에게 몇 시쯤 깨워 달라는 도움을 청하는 방법 등을 권해 볼 수 있습니다.

✔ 시험을 제때 보러 가지 않아 F를 받은 경우

흔한 경우는 아니지만 1학년의 경우, 시험 보는 장소와 시간대를 잘못 알고 시험을 제때 치르지 못하는 경우가 있으며, 어느 정도 대학생활에 익숙한 2, 3,

4학년이라도 늦잠으로 시험시간을 놓치는 경우가 있을 수 있습니다. 이는 기본적인 생활을 제대로 관리하지 못한 것으로 만약 이러한 경우가 반복되는 경우에는 심리적인 문제를 의심해 볼 수 있습니다. 혼자의 힘으로 어찌할 수 없는 경우라면 전문상담기관에서 상담을 받는 것을 권유해 봅니다.

한편, 이런 문제로 낙제점수를 받은 경우, 짚어 보고 넘어가야 할 것은 사태를 어떻게 처리하는 것이 좋은가 하는 것입니다. 학생들 중에는 그냥 어떻게 되겠지 하고 그냥 있는 학생도 있습니다. 이렇게 소극적인 자세를 취하기보다는 빨리 담당교수님께 연락하여 죄송하다는 말씀을 드린 다음, 상황을 설명하고 어떻게 하는 것이 좋을지 의논을 드리는 것이 좋을 것입니다. 만약, 수강신청을 포기할 수 있는 기간이라면 그 과목의 수강을 포기하는 것도 한 가지 방법이 될 수 있을 것입니다.

✓ 정서적인 문제로 공부에 집중하지 못하는 경우

학사경고를 받은 학생 중에는 이성친구와의 이별, 가정문제 등으로 마음을 잡지 못하여 그 학기에 학사경고를 받는 경우가 있습니다. 젊을 때 사랑으로 진하게 가슴앓이를 해 보는 것도 그리 나쁜 것은 아니지 않느냐고 이야기할 수도 있지만, 문제는 계속 마음을 잡지 못하고 해야 할 일에 집중을 못하는 경우입니다. 개인의 심리적인 특성에 따라 헤어짐의 상처가 매우 깊고 쉽게 아물지 않을 수 있습니다. (지도)교수님의 위로와 격려, 그 이상이 필요한 경우라면, 교내·외의 상담기관에서 보다 심층적인 상담을 받도록 안내하는 것이 필요합니다.

✓ 특정 과목에 대한 선행학습의 부족으로 대학에서의 수업을 제대로 따라가기 어려운 경우

이공계 대학생의 경우, 전공과 관련하여 학생들이 특히 어려워하는 교과목이 있습니다(예: 수학에서의 미적분, 컴퓨터 프로그램 관련 교과목). 이런 교과목은 어려운 만큼 시간과 노력도 많이 들여야 좋은 점수를 받을 수 있으므로 이러한 과목을 수강신청할 때는 부담이 비교적 적은 과목들과 함께 신청하고, 충분히 공부할 수 있는 시간을 마련해 두는 등 사전 준비가 필요함을 알려 줍니다. 또한 많은 대학의 '교수학습개발센터' '상담센터' 등에서 학생들의 학업 지원을 위한 다양한 프로그램을 실시하고 있으니, 교내 관련기관을 안내해 주는 것도 학생들에게 큰 도움이 될 것입니다.

✓ 대학 및 전공에 대한 갈등으로 학업에 집중하기 어려운 경우

원래는 다른 대학을 가고 싶었는데 이 대학을 왔다거나, 본래는 다른 전공을 공부하고 싶었는데 지금의 전공을 공부하게 된 경우, 학생들은 이로 인해 갈등을 겪을 것입니다. 이런 갈등이 있는 경우라면 학업에 집중하기 어렵고, 그 결과 학사경고를 받을 가능성도 높습니다. 이런 경우는 먼저 이러한 갈등을 해결할 수 있도록 돕는 것이 필요합니다(⇨ p. 80 '2. 진로문제 상담'을 보세요).

✓ 학업상담에 도움이 되는 책

- 김동일(2005). 학업상담을 위한 학습전략 프로그램. 학지사.
- 손연아 · 이석열 · 이은화 · 이희원 · 장상필(2007). 성공적인 대학생활을 위한 학습전략. 학지사.
- 전명남(2004). 학습전략 업그레이드. 연세대학교 출판부.

2
진로문제 상담

진로 및 취업 문제는 대학생의 가장 대표적이면서도 중요한 상담 주제이자 고민거리입니다. 곧 졸업을 앞둔 4학년은 물론 갓 입학한 신입생도 자신의 향후 진로를 포함하여 구체적인 취업에 대해 보다 적극적으로 고민해야 할 것입니다. 우선, 학년별 체크포인트 및 필요한 활동을 소개합니다.

학 년	활 동
1학년	• 현재 선택한 학교, 학과 및 전공에 잘 적응하고 있는지 확인하기 • 다양한 측면(가치, 흥미, 적성, 진로 포부 등)에서 자기를 이해하고 수용하도록 돕기 • 학생 자신의 관심 분야 및 직업세계에 대해 탐색하고 정보수집 활동 안내하기
2~3학년	• 좀 더 구체적으로 학생 자신의 진로 및 취업목표를 설정하도록 가이드하기 • 지속적으로 관심 분야 및 취업관련 탐색 및 정보수집 활동이 이루어지도록 돕기 • 필요한 진로, 취업역량(어학능력, 리더십, 봉사활동, 인턴십 등) 개발 촉진시키기
4학년	• 졸업에 필요한 필수 자격 사항(학점, 자격증, 기타 요건) 충족 여부 점검하기 • 결정한 진로 및 취업분야에 대하여 최종적으로 검토하고 확인하도록 하기 • 최종 진로결정에 따른 진학, 취업준비 및 구직활동의 시작 여부 확인하기

그 밖에도 학생들이 대학시기에 가장 전형적으로 고민하는 주제들을 중심으로 상담 주제에 따라 몇 가지 상담 포인트를 소개하고자 합니다.

1) 1학년인데요, 지금부터 체계적으로 진로를 준비하고 싶어요

누구나 졸업 후 더 나은 진로를 위해 1학년부터 학년에 따라 체계적으로 준비하고 싶어 할 것입니다. 아직 4년이라는 충분한 시간이 남아 있는 상태에서는 무엇보다도 다음의 방법으로 차근차근 진로를 준비해 나가도록 돕는 것이 필요합니다.

✓ 자기이해와 직업세계에 대한 이해가 되어 있는지 검토가 필요합니다.

- 자신의 흥미, 적성을 이해하기
- 관련된 직업세계나 취업방안 등을 알아보기
- 잠정적 의사결정 이후 지속적으로 수정 · 보완하기

진로를 결정하는 일이 한 번의 검토나 의사결정으로 끝나는 것이 아니며, 누구에게나 완벽한 결정이라는 것은 있을 수 없기 때문에 저학년 시기에 우선 자신이 원하는 방향이나 자신에게 적합한 방향을 정하고 꾸준히 준비해 나가면서 수정, 보완할 수 있다는 점을 학생들에게 가르쳐 줄 필요가 있습니다.

이때 다양한 검사(흥미, 적성, 가치관 등) 결과를 참고하거나, 소규모로 같은 고민을 하고 있는 학생들을 모아 진로결정에 관한 집단상담 활동들을 실시해 보는 것도 학생들에겐 많은 도움이 됩니다(⇨ p. 58 '소그룹으로 상담하기' 참조).

✔ 기본 방향에 대한 결정은 잠정적으로 하되, 구체적인 사안에 대해서는 유연하게 대처하도록 지도하기

학생들의 진로결정이 대학입학 초기 혹은 저학년부터 이루어지면 좋지만, 이때의 결정 역시 잠정적이라는 점을 전제하고, 100% 절대적으로 확고한 선택이란 있을 수 없다고 보는 시각이 필요합니다. 왜냐하면 추후에 생길 수 있는 좋은 기회들을 놓치게 될 수도 있기 때문입니다.

진로결정에 있어서 기본적인 방향성은 가지되 구체적인 사안에 대해서는 변화 가능성을 열어 두는 것이 중요합니다. 유행이나 트렌드에 따라서 왔다갔다 하는 것은 자칫 자신만의 길을 가는 데 실패 가능성이 높아지며, 고지식하게 현재의 결정만이 최선이라 믿고 첫 결정에만 집착하는 것은 더 좋은 기회나 유리한 조건들을 놓칠 수가 있기 때문입니다.

✔ 학내에서 활용하면 좋은 진로, 취업관련 활동 추천하기

- 상담이나 진로관련 센터에서 검사, 상담받기
- 학내 진로관련 교과목 듣기(예: 자기계발 세미나, 진로탐색과 설계 등)
- 학내 사이버 혹은 온라인 진로취업시스템 활용하기(예: 한국기술교육대학교 홈페이지 ⇨ 재학생 ⇨ 온라인교육지원 로그인 후 ⇨ 공개 강좌 ⇨ 온라인 진로취업지도)
- 이공계 대학생용 진로탐색시스템(http://vision.careernet.re.kr/) 활용하기
- 학내 · 외 상담기관 및 사이트 활용하기(⇨ 알아두면 유용한 진로, 취업관련 사이트 소개하기 참조)

2) 구체적인 진로 및 취업 정보, 어디서 얻나요

학생들이 자신의 진로나 취업을 현명하게 잘 결정하기 위해서 자신에 대한

올바른 이해뿐 아니라 자신이 원하는 진로 혹은 취업하고자 하는 곳과 관련된 정확하고 객관적인 정보를 얻는 것이 중요합니다. 잘못된 정보나 기대를 가지고 취업하게 되는 경우, 비록 취업이 되었다 하더라도 지속적으로 그 일을 할 수 있다고 보기는 어렵습니다. 따라서 학생들이 다양한 관심분야에 대해서 정보를 수집하고 혹은 관계자와의 만남을 통해서 자신이 정말 원하는 바에 근접하는지를 '따져 보는 선택(informed choice)'을 할 수 있도록 지도하는 것이 필요합니다.

✔ 학생 스스로 능동적으로 알아보도록 안내하기

일차적으로 교수님이 알고 있는 정보가 있다면 제공하는 것이 바람직할 것입니다. 하지만, 이 경우에도 직접적인 단순 정보 제공보다는 학생들이 목적의식을 갖고 찾아보는 노력을 하도록 하는 것도 필요하며, 이를 위해서는 교수 개인이 알고 있는 정보 외에 좀 더 체계적이고 다양한 진로 및 취업 정보를 제공해 주는 관련 사이트나 기관을 소개해 주는 것도 좋습니다.

✔ 알아 두면 유용한 진로 및 취업 관련 사이트 소개하기

교수가 알아 두면 좋을 만한 진로 및 취업 관련 사이트를 소개하고자 합니다.

- 노동부의 워크넷(http://www.work.go.kr/)
- 한국직업정보시스템(http://www.know.work.go.kr/)
- 직업능력개발원(http://www.careernet.re.kr/)
- 한국산업인력공단 해외취업사이트(http://www.worldkob.or.kr/)

✓ 중소기업 관련 정보도 함께 소개하기(⇨ 한국기술교육대학교 온라인 진로취업강의 8회차: 알짜배기 중소기업 고르는 법 참조)

- 금융감독원 기업공시(http://www.fss.or.kr/)
- 벤처기업협회(http://www.kova.or.kr/)
- 중소기업청(http://www.smba.go.kr/main/index.jsp)
- 대한상공회의소(http://www.korcham.net/)
- 스카우트 기업탐방(http://www.scout.co.kr/)
- 해피캠퍼스 알짜기업(http://www.happycampus.com/)
- 중소기업정보은행 업체탐방(http://www.digitalsme.com/)
- 중소기업진흥공단 기업나라(http://www.sbc.or.kr/index2.jsp)
- 중앙일보 이젠, 글로벌 강소기업이다(http://www.joins.com/)
- 한겨레 강소기업이 뛴다(http://www.hani.co.kr/)
- 조선일보 주목! 이 기업(http://www.chosun.com/)
- 삼성경제연구소(http://www.seri.org/)
- 엘지경제연구원(http://www.lgeri.com/)
- 현대경제연구원(http://hri.co.kr/)
- 중소기업연구원(http://www.kosbi.re.kr/)

3) 취업과 대학원 진학을 갈등하고 있어요. 과연 어느 쪽이 더 나은 선택일까요?

실제로 많은 학생들이 재학기간 중 혹은 졸업이 임박해서도 대학원에 진학할 것인지 취업을 할 것인지를 두고 많이 고민을 합니다.

✔ 대학원이냐 취업이냐! 갈등 자체를 부정적으로 생각하지 않도록 하기

사실 대다수의 사람들이 의사결정을 하는 시기는 바로 결정에 임박해서라고 합니다. 즉, 결정을 하지 않으면 안 되는 시기까지 미루어 두는 경향이 있습니다. 때로는 일단 상황을 지켜보자라는 생각으로 결정을 미루는 것이 옳은 결정일 때도 있습니다.

다만, 학생들이 마냥 결정을 미루기만 했다가 시간에 쫓겨서 아무렇게나 결정해 버리는 일이 발생하지 않도록 지도하는 것이 필요합니다.

✔ 취업과 대학원 진학, 두 가지 선택에 대한 구체적 탐색(목적, 이유, 본인의 기대, 경제적 여건, 주변의 기대, 대안 등) 가이드 하기

학생들은 취업이냐 대학원이냐를 두고 다양한 관점에서 비교하고 충분히 탐색하지 않는 경우가 많습니다. 무엇보다 대학원 진학과 취업에 대한 각각의 동기를 검토할 필요가 있습니다. 즉, 취업을 한다고 생각했을 때 본인이 취업을 하고자 하는 이유나 필요성, 동기 등에 대해서 따져 보게 할 필요가 있습니다.

특히 본인이 현재 처한 경제적 여건이나 주변의 기대 등을 냉정하게 살펴볼 때 취업이 불가피할 때가 있습니다. 이때는 안타깝지만 대안이 없는지 충분히 살펴본 후 우선적으로 취업을 해서 경제적인 문제를 책임지는 것도 매우 중요한 선택의 이유가 됩니다.

대학원 진학의 경우도 마찬가지의 검토가 필요하다. 대학원을 진학하는 이유나 기대, 구체적 방향, 경제적 여건, 주변의 기대 등에 대해서 구체적이고 현실적인 탐색을 할 수 있도록 도와야 합니다.

✔ 취업과 대학원 진학, 당장은 선택의 문제이지만 길게 보면 순서의 문제임을 깨닫게 하기

장기적으로 교수가 되고 싶다거나 혹은 우선 취업이 필요해서 선택한다고 하는 경우 지속적으로 자신의 전문성을 쌓기 위해서 진학이 필수적일 때가 있습니다. 이런 경우 학생들이 경제적인 어려움 때문에 자신의 꿈을 포기한다거나 접는다고 해서 너무 좌절하지 않도록 격려하는 것이 필요합니다. 즉, 현실에 입각한 가장 현명한 그리고 필요한 선택을 하고 있음에 만족할 수 있도록 돕는 것이 필요합니다.

또한 현재의 선택은 잠정적 타협이지 장기적으로는 대학원 진학이나 연수 등을 통해서 얼마든지 더 좋은 기회가 생길 수도 있고, 취업 후 틈틈이 기회를 만드는 노력을 기울이면 된다는 격려가 필요합니다.

결국, 자신의 전문성과 자기계발을 위해서는 지속적인 학습환경 구축이 필수적이고, 대학원 진학을 하더라도 현장중심의 경험들이 요구되기 때문에 취업과 대학원 진학은 결국 둘 다 요구될 수 있다는 점을 이해시킬 필요가 있습니다.

4) 어느새 4학년이에요. 일단 대기업이나 공기업에 가 볼까 해요

현재 4학년이지만 막연하게 대기업이나 공기업을 희망하는 학생들이 많습니다. 이런 학생들의 경우, 대기업이나 공기업에 가려면 어떤 준비가 필요한지, 얼마나 준비가 되었는지, 과연 공기업이나 대기업에 가려는 이유는 무엇인지, 공기업과 대기업 중에서도 어디를 염두에 두고 있는지 등 선택 자체에 대한 검토와 준비과정에 대한 검토가 필요합니다.

✔ 현재 준비된 정도와 취업에 필요한 역량을 스스로 판단하도록 돕기

이를 위해서는 자신의 취업목표가 무엇이며, 취업을 위해서 갖추어야 할 역

량이 무엇인지 확인하고, 각 영역별로 준비된 정도를 파악하는 것이 필요합니다. 물론 아직 부족한 부분에 대해서는 앞으로 어떻게 준비할지 실천 가능한 방법으로 계획을 세우고, 실행할 수 있도록 가이드해야 합니다. 추후 분석결과나 활동 후 결과를 중심으로 학생이 느낀 바나 새롭게 알게 된 점, 좀 더 알아봐야 할 점이 무엇인지에 대해서 함께 살펴보시기 바랍니다.

✔ 취업 가능성 판단과 적극적 실천 돕기

- 객관적 판단: 얼마 남지 않은 시간 동안 현실적으로 얼마나 자신이 효과적으로 취업준비를 해 나갈 수 있는지에 대한 검토가 병행되어야 합니다. 부족한 부분을 짧은 시일 안에 준비하는 것이 가능한지 여부에 대한 교수의 현실적 판단도 필요합니다.
- 일정관리 및 실행여부 체크: 구체적인 채용일정 및 채용절차, 채용방식 등에 대한 조사와 함께 학생 스스로가 일정관리를 통해 하나하나 준비를 해 나갈 수 있도록 계획표 작성 및 실행여부에 대한 관리를 지도교수가 해 주는 것도 도움이 됩니다.
- 취업동아리 활용: 같은 기업을 대상으로 취업준비를 하고 있는 학생들의 동아리 모임이 있다면 그 모임에 가입하도록 하거나, 학부나 동아리에서 취업을 준비하는 학생들을 소그룹으로 묶어 서로 도움이 되도록 지원하는 것도 한 방법입니다.

✔ 눈높이를 조절하도록 돕기(현재 가능한 대안 받아들이기)

현재 학생의 준비 정도에 따라 가능한 취업처가 있다면 긍정적으로 검토합니다. 우선 취업이 가능한 곳에서 경력을 쌓는 것도 한 방법이 될 수 있기 때문입니다. 혹은 꼭 대기업이 아니더라도 중소기업에서 자신의 전문성을 개발하고 나름대로의 진로목표를 설정해 나갈 수 있도록 학생들의 눈높이 조절을 돕는 것이 필요합니다.

우선 취업을 하고 경력 개발을 통해 지속적으로 자신의 진로 목표를 이루어 갈 것인가 혹은 취업준비 기간을 늘려서라도 진로 목표를 이룰 것인가에 대한 검토가 필요합니다. 학생들에게 유연한 진로 선택과 지속적 경력 개발의 필요성을 동시에 인식하도록 돕는 것이 중요하다고 볼 수 있습니다.

3

기타 문제 상담

1 가정문제에 대해 이야기하는 경우, 어떻게 다루어야 하나

학생이 가정문제를 교수님께 이야기하는 경우, 그 동기는 무엇일까? 몇 가지 측면에서 생각해 볼 수 있습니다.

첫째는 교수님으로부터 위로를 얻고 이해받고 싶은 마음입니다. 이 경우, 학생은 그 교수님을 상당히 신뢰하고 있다고 볼 수 있고, 심리적으로 의지하고 있다고 볼 수 있습니다. 교수는 학생의 이야기를 들으면서 이해의 반응을 보여 주고, 위로와 지지를 해 줍니다. 유사한 경험이 있었다면 교수님의 이야기를 짧게 들려주는 것도 좋습니다(⇨ p. 25 '효과적인 대화기법' 참고). 많은 경우, 므엇을 해 주어야 한다는 부담을 가질 수 있는데, 학생의 입장에서 보면 교수님께서 자신의 처지를 이해하고 귀한 시간을 내어 이야기를 들어주는 것만으로도 큰 위안을 얻고 힘을 얻을 수 있습니다. 더욱이 교수님의 유사한 경험을 들려주는 것은 학생들에게 좋은 모델로 작용할 수 있습니다.

"그랬구나. 그런 일을 겪으면서 마음고생이 참 컸을텐데,
그래도 이렇게 대학생활을 잘 하고 있으니 참 대견하구나…….
○○ 얘기를 듣자니, 내 옛날 생각이 나네……."

둘째는 자신의 힘든 처지를 말씀드려 실제적인 도움을 얻고자 하는 마음입니다.

이런 경우, 학교의 여러 가지 장학금 제도를 알아보거나, 아르바이트 자리를 알아보도록 합니다. 여기서 한 가지 주의할 점은 학생의 처지가 안쓰러워 교수 개인이 학생에게 돈을 주는 것은 그리 좋은 방법이 아니라는 것입니다.

학생에게 돈을 준 경험이 있는 한 교수님의 이야기를 들어보면, "학생의 처지가 너무 딱해서 얼마를 주고, 나중에 취업해서 상황이 좋아지면 갚으라고 했어요. 물론, 돌려받을 것을 기대한 것은 아니었고, 나름대로 학생의 자존심을 세워 주고, 또 남에게 너무 의존하는 습관이 들지 않기 위해 그런 말을 했던 것이지요. 그런데 그 후에 학생이 열심히 공부하는 것도 아니고, 찾아와 감사의 인사를 하는 것도 아니고……, 그런 모습을 보니까 실망스럽고, 학생에게 화도 나고……, 뭔가 내가 교육자로서 제대로 하지 못한 것은 아닌가 후회가 되더라구요."

교수로서 어떻게 학생을 돕는 것이 좋을지 결정 내리는 데 참고가 되는 이야기라 생각합니다.

2 자퇴를 고려 중인 학생과의 상담, 어떻게 할까

학생들이 자퇴를 생각하는 이유는 다양합니다. 따라서 먼저 학생이 어떤 이유로 자퇴를 생각하고 있는지 물어보아야 할 것입니다. 이때 '왜'라는 말을 사용하기보다는 '어떤'이라는 말을 사용하면 조금 더 부드러운 느낌으로 생각을 전달할 수 있습니다.

"왜 자퇴하려고 하는데?"(×)

⇨ **"뭔가 힘든 점이 있는 모양인데, 어떤 점 때문에 자퇴를 생각하게 되었니?"**(○)

✔ 자퇴를 생각하는 다양한 이유들의 예

- 가정의 어려운 경제사정
- 더 지명도 있는 학교진학에 대한 미련
- 점수에 맞춰 온 학과에 부적응

Q&A 교수와의 상담 이후, 학생이 잘못된 기대를 하기도 하는데, 어떻게 하면 좋을까요?

(지도)교수님과의 상담에서 자신이 이해받은 경험, 따뜻하고 긍정적인 경험을 한 학생 중 일부는 '이제는 교수님이 나의 사정을 다 아셨으니 모든 것을 이해해 주시겠지…….' 하는, 마치 교수님께서 나의 모든 잘못까지도 이해하고 용납해 줄 것이라는 잘못된 기대를 갖는 경우도 있습니다. 이러한 오해를 방지하기 위해서는 상담을 마칠 시점에서 학생에 대한 믿음, 교수님의 교육자로서의 역할에 대해 간단히 언급해 주는 것이 필요합니다.

"내가 오늘 ○○의 이야기를 들으면서 ○○에 대해 많이 알고 이해하게 되었어요……. 그렇다고 수업시간에 지각하고 결석하는 것까지 다 받아 준다는 의미가 아니라는 것을 알지요?" (학생의 응답을 확인하고) "그래요, 어렵고 힘든 상황은 이해하지만 나는 ○○가 이런 상황 속에서도 자신이 해야 할 일은 프로답게 해낼 수 있는 힘이 있다고 믿어요. 또 나는 교수로서 그렇게 지도할 책임도 있고……."

chapter 5

학생 유형별 대화전략

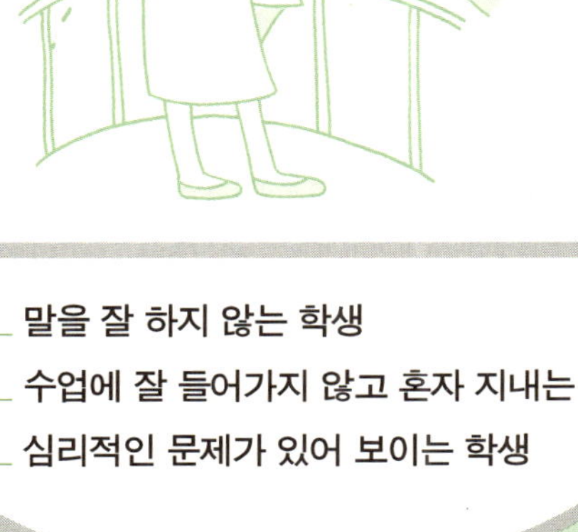

1_ 말을 잘 하지 않는 학생

2_ 수업에 잘 들어가지 않고 혼자 지내는 학생

3_ 심리적인 문제가 있어 보이는 학생

1

말을 잘 하지 않는 학생

사례

학생: 교수님, 안녕하세요?

교수: 어, 그래 어서 와라, 잘 지냈니?

학생: 예.

교수: 생활하면서 힘든 것 없고?

학생: 예. 특별히 없습니다.

교수: 수업은 잘 들어가고 있니?

학생: 예.

교수: 친구들하고는 잘 지내나?

학생: 예.

교수: 그래, 뭐 잘 지내고 있는 것 같네. 그럼 계속 잘 지내고 힘든 일 생기면 찾아와요.

학생: 예. 안녕히 계세요.

아주 평범한 대화로, 별 문제가 없어 보입니다. 하지만 너무 형식적인 대화로 끝나 버린 것 같은 아쉬움, 정말 잘 지내고 있나 하는 의문이 듭니다. 학생과의 상담 후 이런 찜찜한 마음이 아니라, 짧은 시간 이야기를 나누었지만 뿌듯함을 느끼기 위한 몇 가지 요령을 살펴보겠습니다.

✔ **요령 1**: (질문)으로 시작하지 말고, (학생의 마음을 읽어 주는) 이야기로 시작하자

사례 **대화예시**

"강의실에서 수업시간에만 보다가 이렇게 개인적으로 만나니까 부담스럽기도 하고, 무슨 이야기를 해야 하나 싶기도 할 것 같은데……, 지금은 내가 ○○지도교수로서 ○○가 대학생활하면서 힘들고 어려운 점이 있다면, 내가 할 수 있는 한도 내에서 도움을 주기 위해 만나는 거야. 편안한 마음으로 이야기하면 좋겠다."

학생들은 일반적으로 교수님과 이야기하는 것에 대해 부담을 느끼고 있습니다. 상담을 원하고는 있지만 막상 이야기하려면 어렵게 느낍니다(물론, 그전에 학생과 어떤 관계를 맺고 있는가에 따라 다르기는 하지만). 왜 어려울까요?

- '교수' 하면 연상되는 이미지, 편견 때문에
- 나를 평가하는 분이기도 하므로 잘 보이고 싶은 마음 때문에
- 과거의 안 좋은 경험(선생님께 심하게 야단 맞았던 경험, 무서운 아버지 등) 때문에

이런 등등의 이유로 교수님 앞에 있는 학생은 긴장되어 말을 잘 못할 수 있습

니다. 따라서 처음에는 질문보다 마음을 읽어 주는 따뜻한 이야기로 시작하는 것이 좋습니다.

✓ **요령** 2: 질문의 형태를(개방형)으로 바꿔 질문해 보자

질문의 형태

- 폐쇄질문(Closed Question): 상대방이 '예' '아니요'로 답하도록 하는 질문의 형태.
  "요즘 잘 지내고 있니?"
  "수업은 열심히 듣고 있니?"
  "대학에 와서 사람들하고 지내는 것이 어렵지는 않니?"
- 개방질문(Open Question): 상대방이 자신의 생각, 느낌을 자유롭게 이야기할 수 있도록 하는 질문의 형태. '어떤' '무슨' 등으로 질문함.
  "요즘 어떻게 지내고 있니?"
  "수업 듣는 것은 어떠니?"
  "대학에 와서 사람들하고 지내는 것은 어떠니?"

대화에서 폐쇄질문은 하지 말고, 개방질문만 하라는 뜻은 아닙니다. 상담에서 정말 말을 잘 안 하고, 입을 떼지 않는 학생들에게는 오히려 간단히 '예' '아니요'로 답할 수 있는 폐쇄질문이 유용할 수 있습니다. 개방질문은 학생으로 하여금 보다 자유롭게 이야기할 수 있는 기회를 제공하게 되므로 이 두 가지 형태 질문의 특징을 이해하고, 상황에 맞게 선택하면 좋을 것입니다.

2

수업에 잘 들어가지 않고 혼자 지내는 학생

지도학생 가운데 이런 학생이 있다면 학생 개인의 문제로 돌려 방치할 것이 아니라, 빨리 이 상황에서 벗어나도록 도움을 주어야 합니다.

✔ 이런 행동을 하게 되는 이유는 무엇일까요?

- 대학생활에 대한 회의와 갈등: 전공과 학교 선택에 대한 갈등
- 생활관리 능력의 부족
- 대인관계 능력의 부족
- 심리적인 취약성: 우울증, 편집증, 강박증 등의 심리적 문제를 갖고 있는 경우

✔ 어떻게 만남을 가지는 것이 좋을까요?

막상 학생과의 만남을 가지려면 '전화를 해야 하나, 이메일을 보낼까, 교수 혼자 만나러 가야 하나, 과대표나 학생의 친구와 함께 가야 하나 등등' 여러 가

지 생각이 듭니다. '이렇게 해야 한다.'는 어떤 원칙을 말하기는 어렵지만 갑자기 전화를 하면 학생이 당황할 수 있으므로 간단히 만나고 싶다는 이메일이나 휴대전화 문자를 보내어 만날 시간과 장소를 정하는 것이 무리가 없을 것입니다. 또한 교수가 다른 학생들과 함께 가는 것은 그 학생에게 불편함을 줄 수도 있으므로 학생들 간의 관계를 고려하여 신중하게 결정하는 것이 좋겠습니다.

✔ 대화의 요령

이런 학생과의 대화는 대체로 다음과 같은 방식으로 진행할 수 있습니다.

① 만나자고 한 것에 대한 느낌, 현재의 기분을 묻고, 마음 읽어 주기

"내가 만나자고 하니까 어떤 마음이 들었니?(…….) 아마 야단치지 않을까 걱정되고 두렵기도 하고 불안한 마음도 있었을 것 같은데, 그렇지 않았니?(…….)

② 기본적인 생활에 대한 질문을 통해 문제의 심각성을 가늠해 보기

식사는 했는지, 제대로 하고 있는지? 어디서? 누구와? 잠은 제대로 자고 있는지? 몇 시쯤 자서 몇 시쯤 일어나는지? 몸이 아픈 데는 없는지? 등을 살펴봅니다.

③ 기숙사에만 있는 행동에 대해 탐색하기

언제부터 이렇게 지냈는지?(시기 및 기간), 처음에 수업에 빠지게 된 계기(배경 상황), 기숙사 방에서는 주로 무엇을 하면서 지내는지?(구체적인 행동) 등에 대해 살펴봅니다.

④ 대인관계(가족, 친구 선후배 등)에 대해 탐색하기

최근 집에 다녀온 적이 있는지? 부모님들은 이렇게 지내는 것을 알고 계시는

지? 뭐라고 하시는지? 친한 친구나 선후배는 있는지? 등을 살펴보고, 필요한 경우에는 부모나 친구, 선후배에게 연락하여 도움을 받도록 도와줍니다.

⑤ 아직도 늦지 않았다는 희망 주기

이러한 문제행동을 보이는 학생들의 마음상태를 살펴보면, 처음에는 불안해하다가 시간이 지나면서 무기력함과 우울을 경험하게 됩니다. 이런 학생과의 만남에서 교수가 주어야 할 중요한 메시지는 '아직도 늦지 않았다.'는 희망입니다. 그리고 대부분의 경우, 이러한 문제 상황에서 벗어나기란 그리 쉬운 일이 아니므로 교내 · 외의 전문 상담자와 지속적인 상담이 이루어질 수 있도록 연결해 주는 것이 필요합니다. 또한 수강신청을 할 경우에 개인적인 문제를 고려하여 교과목 중에서 부담이 적고 흥미 있는 교과목을 우선 수강하도록 하는 것도 좋습니다.

예시

• 공감

"살다 보면 심한 슬럼프에 빠지고, 내가 할 수 없을 것 같은 불안이 들 때도 있지. 그래서 다 피하고 싶고, 현실에서 멀어지고 싶고, 그러다 보면 정말 생활이 제대로 되지 않고 말이야. 지금 ○○가 그런 상태인 것 같은데, 이런 상태가 길어지면 정상적인 생활리듬을 찾는 데 그만큼 힘이 들지."

• 방향제시

"지금부터라도 다시 용기를 내서 새로운 마음으로 시작해 보겠다면, 지도교수로서 내가 도와줄 수 있는 부분은 도와줄 마음이 있어. 그런데 계속 이렇게 지내다가 학사경고를 받고 제적당하고 그런 상황이 되면 ○○도 더 힘들어지고 나로서도 ○○를 도울 방법이 없어. 아직 늦지 않았으니, 더 늦기 전에 이제 다시 시작해 봐. 지금 심정이 어떠니?"

• 대학 내 상담센터로 연결

"마음은 있어도 막상 다시 수업에 들어가고 과제를 해내고 하려면 힘들어서 포기하고 싶은 마음이 들 수도 있을 텐데, 우리 학교 상담센터에 가면 전문상담선생님에게 무료로 상담을 받을 수 있으니 꼭 가 보도록 해요. ○○가 원하면 내가 연락해 줄 수도 있고……."

3

심리적인 문제가 있어 보이는 학생

학생들 중에는 심리적인 문제가 있어 보이는 학생들이 있습니다. 얼굴 표정이 어두워 보이고, 수업시간에 구석에 앉아서 멍하니 있고, 혼자 다니는 것 같고, 성적도 낮게 나오고……. 이런 학생들을 볼 때면 뭔가 심리적으로 문제가 있는 것은 아닌지 하는 의심을 하게 됩니다. 일단 이런 의심이 들면, 학생을 일대일 상담에 초청할 필요가 있습니다.

✔ 학생을 상담에 초청하는 방법

수업시간에 "김○○, 수업 끝나고, 잠깐 내 연구실로 오세요(나를 좀 보고 가세요.)" 하는 식의 공개적인 초청방법도 있고, 학생 개인의 이메일 또는 휴대전화에 "나누고 싶은 이야기가 있으니 연락 바란다."는 메시지를 남겨 놓고, 연락이 오면 학생과 만날 시간을 정하는 방법도 있을 것입니다. 공개적인 방법보다는 개인적인 방법으로 상담에 초청할 때 학생들은 교수님이 자신을 더 배려한다고 느낄 것입니다.

✓ 간단한 체크사항

학생의 상태를 보다 자세하게 살펴보기 위하여 다음과 같은 몇 가지 질문을 던져 봅니다.

체크 영역	항 목	학생 상태
기본적인 생활상태	잠은 제대로 자고 있는지?	
	식사는 잘 하고 있는지?	
	주말이나 수업이 없는 시간에는 주로 무엇을 하는지?	
학업관련 기능	수업에는 제대로 들어가고 있는지?	
	과제는 잘 수행하고 있는지?	
	지난 학기 평점은 어느 정도인지?	
대인관계	함께 다니는 친구들은 있는지?	
	도움이 필요할 때 연락할 친구는 있는지?	
정서상태	최근 세 달 동안 자살에 대한 생각을 해 본 적이 있는지? 있다면 얼마나 자주 하는지? 혹시 자살 시도를 해 본 적은 있는지?	
	요즘 전반적으로 기분이 어떤지?	

예상할 수 있듯이, 이러한 질문에 잠을 너무 많이 자거나 너무 적게 자는 경우, 식사를 너무 많이 하거나 적게 하는 경우, 주말이나 수업시간에 주로 혼자서 기숙사나 방에서 지내는 경우, 수업에 지각 결석이 많고, 과제를 잘 수행하지 못하는 경우, 수업을 따라가는 데 어려움을 호소하는 경우, 함께 다니는 친구들 없이 혼자 고립된 생활을 하는 경우, 자살에 대한 생각을 자주 하거나 행동으로 옮긴 적이 있는 경우 등은 보다 심층적인 상담이 필요하다는 징표로 볼 수 있습니다.

✔ 심층적인 상담이 필요하다고 보이는 경우는 이렇게!

학생이 하는 이야기에 대해 옳다 그르다 판단하고, 올바른 방향을 제시해 주려 하기보다는 우선, 학생의 어렵고 힘든 상황을 이해해 줍니다. 그리고 교내의 전문상담기관에서 지속적인 상담을 받을 수 있도록 연결해 줍니다. 학생에게 기관의 위치와 전화번호를 알려 주고 찾아가 보라고 할 수도 있지만 이렇게 할 경우 가지 않을 가능성이 큽니다. 따라서 보다 적극적으로 연결해 주는 것이 좋습니다. 예를 들어, 학생이 동의하면 그 자리에서 기관에 전화하여 상담선생님과 학생이 통화하여 만날 시간을 정하도록 하거나 상담선생님에게 학생의 연락처를 알려 주어 연락하도록 합니다.

예시

"그랬구나, 그래서 ○○가 수업시간에 그렇게 힘이 없어 보였구나. 사람에게는 무한한 잠재 가능성이 있거든. 그 힘을 발휘하는 데 때로는 다른 사람의 도움이 필요하기도 하거든. 주위에 너를 좀 도와줄 사람이나 힘들 때 의지할 사람이 있니? (대답을 듣고) 그렇구나. 내가 한 가지 방법을 알려 줄게. 우리 학교의 (각 학교의 전문적 상담을 받을 수 있는 기관 명칭)에 가면 상담을 전공하신 전문가 선생님이 계시거든. 찾아가면 무료로 상담도 해 주시고, 필요한 심리검사도 받을 수 있어. 알고 있었니? (대답을 듣고) 그랬구나. 꼭 한 번 찾아가 보렴. 이것도 대학생으로서 누릴 수 있는 특권이라구!"

Q & A 학생에게 전문적인 상담을 권하면 기분 나빠하지 않을까요?

"내가 보기에 문제가 있는 것 같은데, 나는 너를 계속 상담하기가 어려우니, 상담을 전문적으로 해 주는 곳을 알려 줄게. 가서 심층적인 상담을 받아 봐라." 이런 식으로 이야기를 한다면, (지도)교수님이 자신을 문제학생으로 보는 것 같아 더 위축되고 기분이 상해서 상담받고자 하는 마음이 들지 않을 수 있을 것입니다. 학생이 정말 멋진 대학생활을 하기 바라는 마음을 전달하고, 같이 방법을 찾아보는 과정에서 자연스럽게 전문상담기관에 대한 안내를 해 준다면 상담 추천에 대해 긍정적인 마음을 가질 수 있을 것입니다.

부록

부록 1_ 학생의 (지도)교수와의 상담 경험

2_ 학생상담 기록지

3_ 생애곡선그리기

4_ 내가 보는 나와 남이 보는 나

5_ 직업선택을 위한 비교 매트릭스

6_ 대학생 대상 설문조사

부록 1

학생의 (지도)교수와의 상담 경험

본 부록의 내용은 가이드북 제작을 위해 학생들에게 실시한 설문조사 결과 중, (지도)교수님과의 상담 경험에 대한 것을 '도움이 되었던 경험'과 '아쉬웠던 경험'으로 구분하여 정리한 것이다. 응답을 내용 별로 요약 · 정리하였고, 학생들의 의견이 잘 드러난 대표적인 몇 개의 문장을 그대로 실었다.

1 도움이 되었던 경험

1) 당면한 문제에 대한 유용한 정보 제공 및 해결방안 조언

- 학업의 방향성이나 모델 제시, 학업 성적 향상 계기 등
- 전공 선택에 도움
- 휴학 및 군입대 관련(산업체 추천 등) 도움
- 진로에 대한 도움 및 충고 등 방향 제시
- 취업: 적극적인 행동, 선배들 사례 제시
- 해외 연수 관련: 경험담
- 졸업작품 지도 및 조언 등
- 복학 후 수강신청 문제 등
- 대인관계 관련 조언

학생들의 의견

☺ 진로에 대한 상담을 하였는데 직접적으로나 간접적으로 많은 도움을 주셨다. 꾸중을 듣기도 하고, 내가 모자란 부분에 대한 충고도 아주 좋았다.

☺ 취업상담을 한 적이 있는데 내가 가고 싶은 분야를 말하자 바로 전화해서 알아보셨다. 학생들의 입장에서 생각하시고 잘 이해해 주셨다.

☺ 졸업작품을 할 때, 아이디어를 직접 구상한 후에 교수님을 찾아뵈었는데 그에 대해서 진지하게 생각해 주시고 의견을 말해 주셨을 때 친구나 선후배 간의 상담에서 느끼지 못한 통찰력을 보여주셨다. 참 많은 도움이 되었다.

2) 교수님의 긍정적 태도

- 적극적 상담
- 밝게 대해 주심
- 미소와 자상한 태도
- 진심으로 상담에 임하는 태도
- 경청 및 관심
- 친절
- 의견 수용 및 조언
- 학생들 입장에서 생각하고 이해

학생들의 의견

☺ 상담을 받았는데, 상담 내내 웃으시며 자상하게 대해 주셔서 편한 상태로 상담을 받을 수 있어서 좋았다.

☺ 정기적이지는 않지만 필요할 때마다 직접 만나서 하는 대면상담으로 진행하는 것이 좋았다. 그리고 학교 졸업 이후 취업문제에 대해서 자세히 설명

을 해 주는 점도 매우 좋았다.

☺ 편안한 분위기를 만들어 주시고 자유롭게 이야기할 수 있도록 해 주신다. 하나의 인격체로 존중해 주시는 점이 상담을 계속하게 하는 것 같다.

3) 심리적 도움

- 격려
- 심리적 여유를 줌
- 자신감 심어 줌
- 칭찬
- 용기
- 가능성 제시

학생들의 의견

☺ 해외 연수를 결심하고 상담을 받았을 때, 자신의 경험을 이야기해 주시고, 자신감을 심어 주셨다.

☺ 공부를 잘하고 있을 때 칭찬해 주신 것, 어려운 일이 있을 때 용기를 주신 것, 중간고사 성적이 좋지 않았는데 교수님께서 잘할 수 있다고 기말고사 때는 열심히 해 보라고 하셨다.

☺ 자격증 취득을 앞두고 따야 할 자격증 순위를 상담한 적이 있다. 이에 교수님은 자격증 취득과 우위에 놓여 있는 자격증에 대한 설명과 함께 많은 격려를 해 주셨다.

4) 상담 시 자연스러운 분위기 제공

- 재미있는 어조

• 회식, 편안한 분위기

학생들의 의견

☺ 처음 상담을 받을 때 교수님이 어렵게 생각되었지만 교수님께서 너무 친절히 잘해 주셨다. 내가 잘못 생각하고 있었던 것 같다.

☺ 학기 초 힘들었는데 교수님의 상담으로 학교에 적응할 수 있었고 엄마처럼 상담을 잘해 주셔서 고민을 털어놓을 수 있었던 것 같다. 이런 상담을 자주 했으면 좋겠다는 생각이 들었다.

☺ 항상 편하게 대해 주셔서 상담을 받으러 가는 것이 꺼려지지 않았다. 융통성 있는 대화가 가능하여 좋았다.

5) 학생 개인에 대한 관심

• 신상(가족, 학업문제 등)에 관한 관심

• 개인사, 개인 성향 파악 후 상담

학생들의 의견

☺ 타 대학에서는 교수님들이 학생 이름 등을 기억 못해 주는 반면, 우리 대학 교수님께서는 학생들의 이름, 취미, 습관 등을 기억해 주시는 것이 인상 깊었다.

☺ 가족사항 하나하나에 대해서 알고 나에 대해 물어봐 주시고, 좋은 점과 아닌 점을 파악해서 결과를 말씀해 주시면서 어떻게 했으면 좋겠다그 하시는 게 좋았다.

☺ 좀 더 공부를 해서 자신을 계발하여 직장을 잘 들어가야지 하고 말해 주실 때 나에 대해 관심이 있구나 생각되었다.

6) 기타

야유회, 등산, 친분 쌓음, 자기 이해의 계기, 금전적인 지원 활동, 학교생활 목표나 목적에 대해 생각할 기회 생김, 특별한 기억 없음 등

학생들의 의견

☺ 신입생 때 교수님과의 면접을 통해 학교생활의 목표나 목적에 대해 생각할 수 있어서 좋았다.

☺ 교수님께서 먼저 상담하자고 연락을 해 주셔서 좋았다. 한 학기동안 지켜본다는 관심과 부담 아래에 있어서인지 저번 학기 성적도 올랐다. 관심을 가져주니 좋은 것 같다.

☺ 미리 계획된 상담이 아니라 우연히 통학버스에서 교수님과 옆자리에 앉아 많은 이야기를 나누었다. 그때 교수님께서 학업 얘기가 아닌 인생과 교수님 자신의 이야기를 많이 해 주셔서 더 친근하게 다가갈 수 있었다.

2 아쉬웠던 경험

1) 상담의 시기와 횟수 등에 관해 아쉬웠던 경험

- 일회적 상담에 그침
- 바쁜 일정: 출장, 부재중, 여행, 상담 일정이 계속 연기, 밤 시간대 상담 등
- 비효율적인 상담시간대
- 상담시간이 지루하거나 짧음
- 적정한 상담시간을 알지 못함

학생들의 의견

☹ 교수님의 공강시간, 강의시간 때를 정확히 알지 못해서 상담을 받으러 갔다가 받지 못하고 돌아온 적이 있다. 교수님의 시간표 같은 것을 학생들이 조금 더 쉽게 접할 수 있었으면 좋겠다.

☹ 교수님께서 대외적인 일로 너무 바쁘셔서 상담을 하였지만 집중적으로 하지 못하고 빨리 나와야만 했다. 교수님께서 하실 일이 많아 계속 있기가 죄송했다.

☹ 학업 면담이 필요해서 찾아갔었는데 바쁜 일이 계신지 시큰둥하게 우리를 대하셔서 다음부터 찾아가기 부담스러웠다.

2) 교수님의 부정적인 태도

- 의무적으로 하는 상담
- 형식적인 질문과 성의 없는 답변
- 관심 부족
- 시큰둥한 태도
- 의견 무시
- 꾸지람
- 차가운 말투, 자존심 상하는 말
- 억압적인 분위기

학생들의 의견

☹ 상담 시 혹은 평소에도 계속 대기업, 공사 취업이나 토익 이야기만 하셔서 부담이 많이 됐다. 그리고 나의 진로 방향에 대해 살짝 말씀드렸을 때 좀 부정적으로 말씀하셔서 속이 상했었다.

☹ 문제점을 직접적으로 지적하셔서 상처받았고, 비꼬는 것 같아서 기분도 나빴으며, 앞에 대놓고 '너는 무리다.'라고 해서 상처받았다.

☹ 교수님께서 안 좋은 일이 있으셨는지 진로에 대해 물어보시는데 말투가 너무 차가워서 제대로 이야기를 할 수가 없었다.

3) 정보 부족으로 인한 아쉬움

- 원하는 진로 및 취업 분야에 대한 정보 부족
- 비슷한 대답 내용, 평범하고 전형적인 답변
- 상담에 대한 답변이 구체적이지 못함
- 학생 개개인에 대한 정보 부족

학생들의 의견

☹ 원하는 진로분야를 선택하여 상담받기를 원해 찾아갔는데 너무 바쁘시고 그 분야에 대해 아는 게 하나도 없어 미안하다고 하셔서 좀 실망스러웠다.

☹ 나와 같은 문제로 여러 학생들이 한 명씩 와서인지 똑같은 대답을 할 때 대충 말씀하시는 것 같았다.

☹ 편입에 관한 상담을 받았는데 구체적인 방안이나 해야 할 것을 자세히 알려 주셨으면 좀 더 좋았을 것 같았다.

4) 상담에 대한 전문 지식 부족

- 상담 지식 부족, 전문적인 상담 필요

학생들의 의견

☹ 너무 형식에 얽매이시는 것 같다. 상담 내용도 진부하고 상담이라는 느낌

을 받지 못했다. 그냥 하나의 일처리라 느껴진다.

☹ 상담 중 업무전화를 받느라 한참 동안 상담이 진행되지 못했다. 자리를 뜰 수도 없고 업무상 내가 들어도 되는 내용인지 몰라 자리가 상당히 불편했었다.

☹ 그룹으로 상담할 때 성적을 공개하셔서 곤란했다.

5) 기타

성적 및 토익 점수 공개로 인해 상담을 꺼림, 지도교수의 변경(매년 바뀜)에 따른 문제, 지난 상담 내용 기억 못함, 상담 전 · 후 차이 못 느낌, 생각 차이가 클 때, 좋지 않았던 기억 없음, 능력 과대평가 등

학생들의 의견

☹ 교수님께서 너무 취업 쪽으로만 이야기를 하셔서 때로는 교수님의 업적을 위해 무언가를 하고 있다는 생각이 들기도 한다.

☹ 좋지 못한 집안환경에 대해서는 물어보지 않으셨으면 한다. 말하기 싫은 나의 비밀까지 파고들지 않았으면 한다.

☹ 복학 후 지도교수님을 찾아갔는데 지도교수가 아니라고 하시며 매년 바뀐다고 하셔서 씁쓸했다.

부록 2

학생상담 기록지

학 생 상 담 기 록 지	
○ 이 름 :	○ 학 년 :
○ 날 짜 : 년 월 일 (요일)	
○ 상담의 주요 내용(학생이 이야기한 주요 내용)	
○ 상담 후 소감(상담 및 학생지도에 대한 방향, 의견 등)	

부록 3

생애곡선그리기

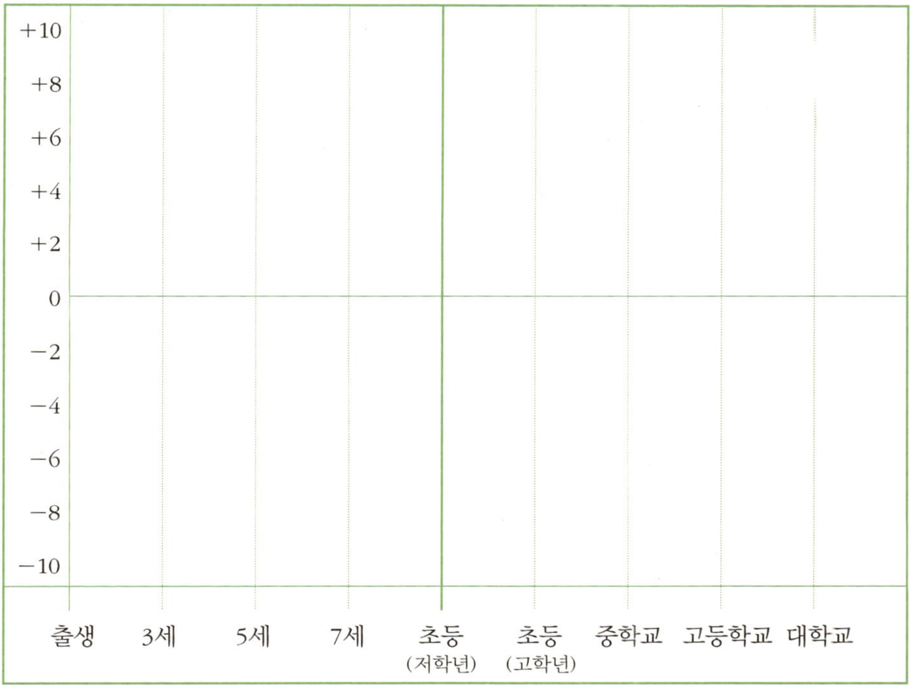

[활동 가이드]

1. 각자 자신이 태어나면서부터 지금까지의 성장과정을 돌아봅니다.
2. 각 연령(출생, 3세, 5세 등)대마다 0점을 기준으로 힘들었거나 행복했던 정도에 따라 −10점에서 10점으로 평가해 봅니다(예 : 가장 힘들었을 때 → −10, 많이 힘들었음 → −6, 약간 행복했음 → 2, 가장 행복했음 → 10).
3. 2에서 평가한 점수를 연령에 맞춰 표시하고 선으로 연결하여 나타내 봅니다.
4. 완성된 그래프를 보면서 그 당시의 사건이나 관련된 인물, 현재에 주는 영향이나 의미 등에 대해서 이야기를 나눠 봅니다.

부록 4

내가 보는 나와 남이 보는 나

이 름 : __________

이 척도는 당신이 당신 자신을 어떻게 보는가를 알아보기 위한 것입니다. 짝지어진 두 단어 중 내가 어느 쪽에 얼마만큼 가까운지 생각하여 ✓로 표시하십시오. 그리고 짝은 이 사람이 어느 쪽에 얼마만큼 가깝다고 생각하는지를 ×로 표시하십시오, ✓와 ×는 그 단어가 어느 정도로 당신과 짝이 바라본 당신에 가까운지를 나타내 줍니다.

나는 ______________________________ 합니다.

조심스러운	____	____	____	____	____	충동적인
편안한	____	____	____	____	____	긴장된
흥미를 느끼는	____	____	____	____	____	지루해하는
자신감 있는	____	____	____	____	____	자기 의식적인
안전하게 느끼는	____	____	____	____	____	불안한
행복한	____	____	____	____	____	슬픈
근면한	____	____	____	____	____	게으른
융통성 있는	____	____	____	____	____	강박적인
유능한	____	____	____	____	____	무능한
동정적인	____	____	____	____	____	냉담한
세심한	____	____	____	____	____	세심하지 않은
친근한	____	____	____	____	____	혼자 떨어진
쉽게 동의하는	____	____	____	____	____	쉽게 동의하지 않는
성숙한	____	____	____	____	____	미성숙한
진실된	____	____	____	____	____	가장된
부드러운	____	____	____	____	____	거친

출처: 초심상담자를 위한 집단상담 기법(이윤주 외, 2000).

부록 5

직업선택을 위한 비교 매트릭스

고려하는 직업 / 비교항목	직 업 1 ( )	직 업 2 ( )	직 업 3 ( )
1)			
2)			
3)			
4)			
5)			
6)			
7)			
8)			
9)			
10)			
11)			
12)			
13)			
14)			
15)			
합 계	점	점	점
순 위	순위	순위	순위

[활동 가이드]

1. 비교항목은 학생이 자유롭게 정하도록 합니다(근무 조건, 성공 가능성, 보수, 여가 등).
2. 중요하다고 생각되는 항목에 대해서는 필요하면 가중치를 줄 수도 있습니다.
3. 각 항목당 10점 만점으로 해서 각각 점수를 매겨 봅니다.
4. 최종 합계를 내도록 합니다.
5. 결과를 중심으로 현재 고려 중인 세 가지의 직업에 대해서 각자의 의견을 말하고, 서로 피드백하도록 합니다.

부록 6
학생 대상 설문조사

본 설문조사는 『대학교수를 위한 학생상담 가이드북』을 개발하기 위한 기초자료를 얻고자 2007년 9월 5일부터 9월 25일 사이에 실시되었다.

1 설문조사 대상

학생 설문에 참여한 학생들은 4년제 H대학교 학생 299명과 2년제 P대학 학생 258명으로 총 557명이었다. 대부분의 학생들이 이공계 학과(전공)에 소속된 학생이었으며, 학년 및 성별 분포는 〈표 1〉과 〈표 2〉와 같다(각각의 표에서 전체 학생의 수가 조금씩 다른 이유는 각 문항에 대해 답하지 않은 학생이 있거나 복수 응답 때문임).

〈표 1〉 설문 응답 학생 학년 분포

	빈도(명)	백분율(%)
1학년	277	50.3
2학년	145	26.3
3학년	82	14.9
4학년	47	8.5
합계	551	100.0

〈표 2〉 설문 응답 학생 성별 분포

	남	여	합계
빈도(명)	461	96	557
백분율(%)	82.8	17.2	100.0

2 설문조사 내용별 결과

1) 상담 현황: 지금까지 지도교수 및 학교 교수와의 상담은 주로 어떻게 이루어지고 있나요?

〈표 3〉 상담 현황

	빈도(명)	백분율(%)
한 번도 받아 보지 못함	160	25.6
지도교수 지정 이후 한 번	112	17.9
정기적으로 (지도)교수님이 불러 상담	116	18.6
정기적이진 않지만, 필요할 때마다 교수님이 불러 상담	132	21.1
정기적 상담, 필요할 때에는 교수님이 불러서 따로 상담	37	5.9
내가 상담이 필요할 때마다 자발적으로 찾아가 상담	68	10.9
합계	625	100.0

2) 상담 형태: 학생지도 및 상담은 주로 어떤 형태로 이루어졌습니까?

〈표 4〉 상담 형태

	빈도(명)	백분율(%)
학과나 연구실(LAB) 행사 및 모임을 통해 단체로 이루어졌다.	95	19.9
5명 이내의 소그룹 상담 및 면담으로 이루어졌다.	82	17.2
2~3명의 소그룹 상담 및 면담으로 이루어졌다	56	11.7
1명씩 개별상담으로 이루어졌다.	245	51.3
합계	478	100

3) 상담 장소: 교수님과의 상담은 주로 어디서 이루어졌습니까?

〈표 5〉 상담 장소

	빈도(명)	백분율(%)
학교 외부 행사 장소	32	7.1
교수 연구실	326	72.0
강의실 및 실험실	62	13.7
교내 상담센터 상담실	7	1.5
기타	26	5.7
합계	478	100

4) 상담 방식: 지도교수님과의 상담은 주로 어떤 방식으로 이루어졌습니까?

〈표 6〉 상담 방식

	빈도(명)	백분율(%)
직접 만나서 하는 대면상담	383	93.9
이메일이나 온라인 게시판 등을 이용한 상담	15	3.7
전화상담	7	1.7
기타	3	0.7
합계	408	100

5) 상담 소요시간: 지도교수와의 상담시간은 주로 어느 정도였습니까? (1회 기준)

〈표 7〉 상담 소요시간

	빈도(명)	백분율(%)
10분 이내	119	30.4
10~20분	143	36.5
20~30분	79	20.2
30분~1시간	40	10.2
1시간 이상	11	2.8
합계	392	100

6) 상담 주제: 지도교수와의 주된 상담 주제는 무엇이었습니까?

〈표 8〉 상담 주제

	빈도(명)	백분율(%)
학업문제	213	30.3
취업문제	159	22.6
진학 및 진로 문제	178	25.3
편입학문제	20	2.8
교우 및 이성 문제	21	3.0
가정 및 경제 문제	58	8.2
성격 및 정서 문제	27	3.8
기타	28	4.0
합계	704	100

7) 상담에 대한 요구: 지도교수 및 학교 교수님과의 상담은 어떻게 이루어지는 것이 좋다고 생각하십니까?

〈표 9〉 상담에 대한 요구

	빈도(명)	백분율(%)
학교 교수님과의 상담은 그다지 필요하지 않다.	7	1.1
지도교수 지정 이후 한 번 정도가 적합하다.	19	3.0
정기적으로 지도교수와의 상담이 이루어질 필요가 있다.	253	40.5
정기적 상담은 물론 필요할 때 지도교수가 불러서 따로 상담하는 게 좋다.	114	18.3
정기적이진 않지만 필요할 때 지도교수가 불러서 상담을 하는 것이 필요하다.	103	16.5
내가 상담이 필요할 때마다 자발적으로 찾아가 상담을 하는 것이 더 바람직하다.	128	20.5
합계	624	100

8) 상담 대상자: 고민이 있거나 상담이 필요할 때 주로 누구와 상담을 하십니까?

〈표 10〉 상담 대상자

	빈도(명)	백분율(%)
부모	98	14.8
친구	387	58.6
선・후배	94	14.2
형제자매	38	5.8
교내 상담센터 상담전문가	3	.5
기타	40	6.1
합계	660	100

9) 선호하는 상담형태: 학생 지도 및 상담은 어떤 형태로 이루어지는 것이 가장 적합하다고 생각하십니까?

〈표 11〉 선호하는 상담형태

	빈도(명)	백분율(%)
학과나 연구실(LAB) 행사 및 모임을 통해 단체로 이루어지는 것이 적합하다.	31	5.5
5명 이내의 소그룹 상담 및 면담으로 이루어지는 것이 적합하다.	61	10.9
2~3명의 소그룹 상담 및 면담으로 이루어지는 것이 적합하다.	120	21.5
1명씩 개별상담으로 이루어지는 것이 적합하다.	347	62.1
합계	478	100

10) 적합한 상담 장소: 지도교수와의 상담 장소로 어느 곳이 적합하다고 생각하십니까?

〈표 12〉 적합한 상담 장소

	빈도(명)	백분율(%)
학교 외부 행사 장소	21	3.5
교수 연구실	409	71.0
빈 강의실 및 실험실	63	10.9
교내 상담센터 상담실	66	11.5
기타	17	3.0
합계	660	100

11) 적합한 상담 방법: 지도교수와의 상담 방법 중 가장 적합하다고 생각하는 것은 무엇입니까?

〈표 13〉 적합한 상담 방법

	빈도(명)	백분율(%)
직접 만나서 하는 대면상담	527	94.1
이메일이나 온라인 게시판 등을 이용한 상담	25	4.5
전화상담	1	.2
기타	7	1.3
합계	660	100

12) 상담받고 싶은 주제: 지도교수님께 상담받고 싶은 주제는 무엇입니까? (복수응답)

〈표 14〉 상담받고 싶은 주제

	빈도(명)	백분율(%)
학업문제	225	20.2
취업문제	396	35.5
진학 및 진로 문제	309	27.7
편입학문제	57	5.1
교우 및 이성 문제	34	3.0
가정 및 경제 문제	44	3.9
성격 및 정서 문제	41	3.7
기타	10	.9
합계	1116	100

13) 상담시간: 지도교수와의 상담시간은 1회를 기준으로 할 때 어느 정도가 적당하다고 생각하십니까?

〈표 15〉 상담시간

	빈도(명)	백분율(%)
10분 이내	60	11.0
10~20분	195	35.7
30분 이내	165	30.2
30분~1시간	120	22.0
2시간 이상	6	1.1
합계	546	100

14) 상담에 적합한 시간대: 상담하기에 적합한 시간은 언제라고 생각하십니까?

〈표 16〉 상담에 적합한 시간대

	빈도	비율(%)
공강시간	291	53.6
수업 직후	81	14.9
점심시간	46	8.5
밤 시간대	125	23.0
합계	543	100

15) 교수님과의 상담 희망 정도

〈표 17〉 (지도)교수와의 상담 희망 정도

문항	M	SD	전혀 그렇지 않다	그렇지 않다	보통이다	그렇다	매우 그렇다	합계
학생으로서 (지도)교수님과 상담이 필요하다고 느낄 때가 있다.	3.96	0.77	6 (1.1)	12 (2.3)	94 (18.0)	296 (56.7)	114 (21.8)	522 (100.0)
학생으로서 (지도)교수님께 상담을 받고 싶은 생각이 있다.	3.87	0.83	5 (1.0)	20 (3.8)	127 (24.3)	258 (49.3)	113 (21.6)	523 (100.0)
상담이 필요할 때는 (지도)교수님께 자발적으로 상담을 요청했거나 요청할 생각이다.	3.60	0.93	9 (1.7)	49 (9.3)	170 32.4)	211 (40.2)	86 (16.4)	525 (100.0)
소극적인 성격이라 찾아가 상담받긴 어렵지만, 교수님이 먼저 불러주시면 좋겠다.	3.30	1.08	28 (5.4)	93 (17.9)	170 (32.6)	157 (30.1)	73 (14.0)	521 (100.0)

16) 교수님과의 상담에 대한 경험

〈표 18〉 (지도)교수와의 상담에 대한 경험

문항	M	SD	전혀 그렇지 않다	그렇지 않다	보통이다	그렇다	매우 그렇다	합계
지금까지 이루어진 지도교수와의 상담에 대하여 만족스럽게 느낀다.	3.09	1.08	56 (11)	65 (12.8)	204 (40.2)	140 (27.6)	42 (8.3)	507 (100.0)
지도교수와의 상담은 학생들에게 도움이 된다고 생각한다.	3.75	0.89	10 (1.9)	32 (6.2)	133 (25.6)	249 47.9)	96 (18.5)	520 (100.0)
학생입장에서 (지도)교수와의 상담은 왠지 꺼려진다.	2.50	0.96	70 (13.4)	210 (40.2)	166 (31.8)	62 (11.9)	14 (2.7)	522 (100.0)
(지도)교수님을 만나면 마음이 불편하고 대하기가 어렵다.	2.49	0.95	75 (14.3)	204 (38.9)	166 (31.7)	70 (13.4)	9 (1.7)	524 (100.0)
(지도)교수님이 학생상담의 방법에 대해 배울 필요가 있다고 느낀다.	3.45	0.97	11 (2.1)	68 (13.1)	195 (37.6)	165 (31.8)	80 (15.4)	519 (100.0)
(지도)교수님이 너무 바쁘실 것 같아 상담요청을 하기가 어렵다.	2.92	1.06	47 (9.0)	140 (26.7)	180 (34.4)	122 (23.3)	35 (6.7)	524 (100.0)
(지도)교수님이 좀 더 편안하고 자상하게 대해 주시면 좋겠다.	3.25	1.05	32 (6.1)	80 (15.2)	200 (38.0)	151 (28.7)	63 (12.0)	526 (100.0)

참고문헌

강현근(2003). 진로상담가이드북-우리 아이들 어떻게 상담할 것인가? 군산여자상고.

김동일(2005). 학업상담을 위한 학습전략 프로그램. 학지사.

김봉환, 정철영, 김병석(2006). 학교진로상담(2판). 학지사.

김춘경 역(2007). 상담기법. Rosemary A. Thompson 저. 학지사.

김형태, 오익수, 김원중, 김동일(1996). 청소년 학업상담. 청소년대화의광장(현 한국청소년상담원).

노동부(1999). 직업심리검사 상담 가이드. 노동부 중앙고용정보원.

노안영, 송현종(2006). 상담실습자를 위한 상담의 원리와 기술. 학지사.

박성수(1994). 학생상담원리와 효과적 표현방법. 서울대학교 사범대학 상담교육연구실. 미출판물.

서울시 카운슬러협회(1995). 학급담임 상담가이드. 저자.

조용개 · 손연아 · 이석열 · 이은화 · 이희원 · 장상필 · 전영남(2007). 성공적인 대학생활을 위한 학습전략. 학지사.

이상희, 노성덕, 이지은(2004). 또래상담. 학지사.

이윤주, 신동미, 선혜연, 김영빈(2000). 초심상담자를 위한 집단상담기법. 학지사.

이장호(1993). 상담심리학 입문. 학영사.

이장호, 정남운, 조성호(2005). 상담심리학의 기초. 학지사.

이장호, 금명자(2006). 상담연습 교본. 범문사.

이재규(2005). 학교에서의 집단상담: 실제와 연구. 교육과학사.

임언 외(2004). 이공계대학생의 전공 및 진로탐색 프로그램개발(II). 한국직업능력개발원.

임은미(2006). 사이버상담-이론과 실제-. 학지사.

전명남(2004). 학습전략 업그레이드. 연세대학교 출판부.

한국성폭력상담소(2002). 인터넷을 통한 성폭력 상담 매뉴얼. 저자.

한국청소년상담원(2006). 은둔형 부적응청소년 상담 가이드북. 저자.

한국청소년상담원(2006). 학교청소년상담사를 활용한 학교상담 매뉴얼. 저자.

저자 소개

▪ 강혜영

이화여자대학교 교육심리학과 학사
서울대학교 대학원 교육학과 석사, 박사(교육상담전공)
상담심리전문가(한국상담심리학회)
전) 서울대학교 대학생활문화원 상담연구원
　한국노동교육원 초빙교수
현) 한국기술교육대학교 테크노인력개발 전문대학원 교수
　한국기술교육대학교 상담 · 진로개발센터 센터장

주요 연구 및 논문

- "이공계 대학생의 개인 흥미-학과 일치도와 학과적응수준과의 관계"(단독, 2008)
- "상담숙제 부여방법에 따른 숙제순응도의 차이"(공동, 2007)
- "이공계 여학생 적정비율 유지방안 연구"(공동, 2007)
- "취업희망 프로그램 개정연구"(공동, 2007)
- "온라인 진로, 취업 프로그램 개발"(공동, 2006) 외 다수

▪ 이제경

이화여자대학교 독어독문학과 학사
서울대학교 대학원 교육학과 석사, 박사(교육상담전공)
전) 서울대학교 대학생활문화원 상담연구원
　미국 미네소타 대학교 교육심리학과 초빙연구원
　서울대학교 경력개발센터 전문위원
현) 한국기술교육대학교 테크노인력개발 전문대학원 교수

주요 연구 및 논문

- "성인경력개발 상담 활성화를 위한 탐색적 연구"(단독, 2007)
- "취업 청소년의 진로기대 및 취업준비행동"(공동, 2007)
- "Work Experience and Career Planning of High Achieving Korean Students in Math and Science"(공동, 2006)
- "한국 대학생의 취업준비행동: 심리적 특성 및 개인 배경변인을 중심으로"(단독, 2004)
- "Transferring models of career counseling centers from USA to South Korea: A cross-national analysis"(공동, 2003) 외 다수

대학교수를 위한 **학생상담 가이드북**

2009년 8월 31일 1판 1쇄 발행
2017년 5월 25일 1판 3쇄 발행

지은이 • 강혜영 · 이제경
펴낸이 • 김진환
펴낸곳 • (주) 학지사
04031 서울특별시 마포구 양화로15길 20 마인드월드빌딩
대표전화 • 02)330-5114　　팩스 • 02)324-2345
등록번호 • 제313-2006-000265호

홈페이지 • http://www.hakjisa.co.kr
페이스북 • https://www.facebook.com/hakjisa

ISBN 978-89-6330-199-0 93180

정가 10,000원

저자와의 협약으로 인지를 생략합니다.
파본은 구입처에서 교환해 드립니다.